Bibliografische Information der Deutschen Nationalbibliothek:
Die Deutsche Nationalbibliothek verzeichnet diese Publikation in der Deutschen Nationalbibliografie; detaillierte bibliografische Daten sind im Internet über www.dnb.de abrufbar.

oekom – Gesellschaft für ökologische Kommunikation mbH
Waltherstraße 29, 80337 München

Layout und Satz: Jonas Beuchert & Marlene Mützel (PARAT.cc)
Lektorat: Juliane Baruck
Umschlag: Jonas Beuchert & Marlene Mützel (PARAT.cc)
Illustration: Giulia Bochnig
Druck: Friedrich Pustet GmbH & Co. KG

ISBN 978-3-96238-367-1

MIX
Papier aus verantwortungsvollen Quellen
FSC
www.fsc.org
FSC® C014889

Klimaneutral
Verlag
ClimatePartner.com/53585-1805-1001

Katharina Liesenberg & Linus Strothmann

Wir holen euch ab!

Wie wir durch Bürgerräte und Zufallsauswahl echte Vielfalt in die Demokratie bringen

Inhalt

Vorwort

Die Demokratie, wie wir sie in Deutschland haben, ist eine ziemlich gute Sache. Es gibt Wahlen, Kontrollinstanzen und eine lebendige Medienlandschaft. Auf eine gewisse Art und Weise ist das Parlament dabei auch Teil einer Arbeitsteilung: Gewählte Vertreter*innen handeln in unserem Namen Dinge aus, steigen tief in die Materie ein und entwickeln Lösungen für gesellschaftliche Herausforderungen.

Manchmal reicht das aber einfach nicht.

Unser Parlament spiegelt nicht wirklich unsere Gesellschaft wider. Durch die Wahlkreise ist zwar sichergestellt, dass aus allen Teilen Deutschlands Menschen vertreten sind, aber zum Beispiel beim Geschlechterverhältnis liegt das Verhältnis nicht bei 50:50, und auch die Verteilung nach Bildungsabschluss entspricht nicht den tatsächlichen Verhältnissen: Im Bundestag sitzen 85 Prozent Akademiker*innen.

Und auch was die Einkommen betrifft, sitzen eben im Bundestag sehr wenige, die vor ihrer Zeit als Abgeordnete*r zu den Menschen mit geringem Einkommen im Land gehört haben. Wie oft hören wir in der Klimadebatte, dass Politiker*innen, die selbst finanziell abgesichert sind, sich schützend vor die „Armen" der Gesellschaft stellen und argumentieren, dass z. B. ein höherer Preis für Flugreisen diese zu stark treffen würde. Es wäre doch interessant zu wissen, ob Menschen mit geringem Einkommen das tatsächlich so sehen.

Aber wie finden wir das raus? Umfragen sind eine Möglichkeit, dem näherzukommen. Dabei kommt aber oft zu kurz, sich ausführlich mit dem Thema befassen zu können. Wie würden Menschen darüber denken, wenn sie ausreichend Zeit hätten, sich in die Materie einzuarbeiten und verschiedene Positionen dazu gehört zu haben? Im Klimabürgerrat, der im Frühjahr 2021 stattfand – leider ohne direkte politische Anbindung – ist genau das passiert. Und siehe da. Die Menschen außerhalb des Parlaments sind zu weit mehr bereit, als die, die sie im Parlament vertreten, bisher gedacht haben. Es braucht also den Austausch von Gruppen, die die Vielfalt der Gesellschaft abbilden und damit unterschiedliche Meinungen und Perspektiven einbringen, um das Parlament genau in solchen Fragen zu beraten.

Parlamente haben aber noch ein anderes Problem. Die Menschen, die dort sitzen, wurden gewählt und wollen meist auch wiedergewählt werden. Dazu ist es nicht immer ratsam, manchmal sogar geradezu im Widerspruch zu eigenen politischen Zielen, Positionen, die der oder die Abgeordnete lange aus Überzeugung vertreten hat, zu räumen oder sich gar für das Gegenteil einzusetzen.

Das erste Mal, dass ich von einem Bürgerrat gehört habe, war, als in Irland ein Bürgerrat zum Abtreibungsrecht stattfand. Das hat mich sehr beeindruckt und neugierig gemacht. Das Parlament war vorher nicht im Stande, diesen tiefen Riss durch die Gesellschaft zu befrieden. Zu festgefahren waren die Meinungen bei diesem emotionalen und aufgeladenen Thema. Politiker*innen war es nicht möglich, aufeinander zuzugehen. Ein Bürgerrat kann hier zwei Dinge, die ein Parlament eben nicht kann: Erstens kommen hier Leute zusammen, von denen niemand eine bestimmte Haltung erwartet, und auch nicht, dass diese Haltung bis zum Ende durchgezogen wird. Zweitens kennen sich die gelosten Teilnehmenden nicht. So entsteht ein anderer Umgang mit den Meinungen und Perspektiven anderer. Das schafft eine Flexibilität, die manchmal die Voraussetzung ist, um sich zu einigen. Man könnte auch sagen: Ein Bürgerrat nimmt parteipolitische Strategien und Taktik aus einer Debatte.

Ich finde, man sollte der Politik jedoch keinen Vorwurf machen, dass sie nicht alle Probleme selbst lösen kann. Viel eher sollten wir das anerkennen und uns deshalb zusätzlicher Instrumente bedienen, die in der Lage sind, solche Konflikte zu lösen und der Politik insoweit zu helfen. Ich bin nicht der Meinung, dass ein Bürgerrat damit das Parlament aushebelt. Im Gegenteil, es gibt Fragen, da braucht das Parlament mehr als das, was Umfragen, Wahlergebnisse und die eigene Meinung an Orientierung anbieten.

Demokratie ist nie fertig, sondern kann weiterentwickelt werden.

Dazu passt auch das erste Praxisbeispiel aus diesem Buch, das fast zeitgleich mit dem Bürgerrat in Irland im Herbst 2016 begann, und zwar als Experiment, das das Vertrauen in die lokale Beteiligung gestärkt hat. Ein Beispiel, das zeigt, dass Demokratie lebendig bleiben kann und muss.

Das ist der Grund, warum dieses Buch wichtig ist. Es zeigt Wege, wie wir unsere Demokratie konkret weiterentwickeln können. Wie wir nicht nur Bürgerräte machen können, sondern auch richtig gute Bürgerräte!

Zwei Dinge sind aus meiner Sicht bei der Entwicklung besonders wichtig: Erstens, Bürgerräte geben ein Versprechen von Vielfalt und Repräsentativität. Und hier sind wir, wie ich lernen musste, noch lange nicht am Ziel. Denn auch in Bürgerräten sitzen, wenn man nicht aufpasst, zu viele Akademiker*innen, zu viele Menschen mit höheren Einkommen und zu selten Menschen mit Migrationshintergrund. Noch verzerrter ist das Bild, wenn man sich anschaut, welche Einstellungen die Menschen in einem Bürgerrat mitbringen. Es machen genau diejenigen mit, die sich für Politik oder das jeweilige Thema besonders interessieren. Und genau hier setzen Katharina und Linus mit ihren aufsuchenden Verfahren an, um auch die Politikverdrossenen und die, die nicht mehr wählen gehen, um ihre Meinung im Bürgerrat zu bitten. Dazu kommt, dass sie eben auch mit den Menschen sprechen, die sich auf eine Einladung nicht zurückgemeldet haben. Nur so kann man verstehen, warum manche Menschen sich nicht beteiligen wollen oder können. Auch darüber müssen wir mehr wissen, damit auch diese Menschen irgendwann mitmachen und das Versprechen, das Bürgerräte geben, auch eingelöst werden kann.

Der zweite Punkt ist, dass in Bürgerräten anders diskutiert und manchmal auch anders entschieden wird, als das in einem Parlament der Fall ist. Und hier können Bürgerräte Maßstäbe setzen, wie man zu guten Ergebnissen kommt und bessere Entscheidungen fällt. Auch hierzu zeigt das Buch funktionierende Beispiele aus der Praxis.

Es geht in diesem Buch darum, unsere Demokratie lebendig zu halten.

→ *Pierre Baigorry, Berlin November 2021*

„Ich bin ja doch etwas politikverdrossen. Aber dann dachte ich: Ok, man kann ja mal gucken, was dabei rauskommt.“ – *Astrid J.*

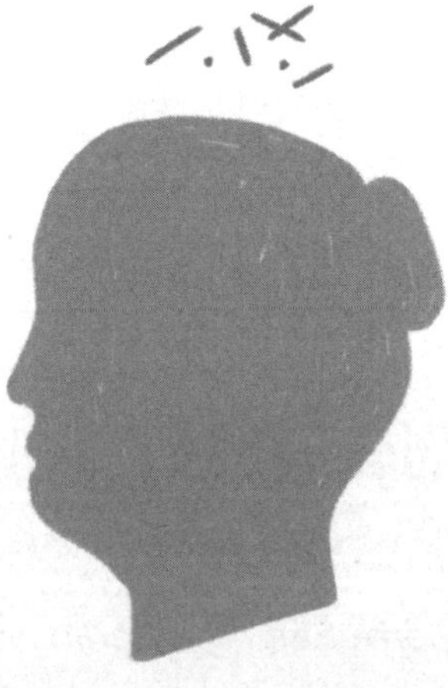

Einleitung **Was los treten**

Stille alte Männer ...

An einem relativ warmen Freitagnachmittag im Januar 2020 biege ich mit meinem Rad in eine Betonplattenstraße ein. In der kleinen Straße gibt es ein paar neue, großzügige Einfamilienhäuser. Es gibt aber auch noch einige wenige ältere und wesentlich kleinere Häuser. Ich suche eine bestimmte Hausnummer und als ich sie gefunden habe, stehe ich vor einem alten, rostigen Maschendrahtzaun mit einem kleinen Tor. Dahinter ist ein wilder Garten und eben eines dieser Häuser, bei dessen Anblick jede Immobilienmaklerin sagen würde, gute Lage, auf jeden Fall abreißen und neu bauen.

Ich klingele, auch wenn ich eigentlich nicht glaube, dass diese Klingel überhaupt funktioniert. Tut sie aber. Zuerst kommt ein Rufen, er komme gleich. Dann schlendert mir ein älterer Herr in einer alten Jogginghose und leicht angegrautem Haar entgegen.

Dieses Buch handelt von Beteiligung, meist mit dem Begriff Bürgerbeteiligung beschrieben, mittlerweile manchmal auch als Bürger*innenbeteiligung oder, wenn bewusst auch Menschen ohne Wahlrecht eingebunden werden, als Einwohner*innenbeteiligung bezeichnet. Nun können Sie denken: „Aha, ja klar – alter, weißer Mann – das ist doch einer von denen, die bei so Einwohnerversammlungen eh immer mit dabei sind!" Aber der Mann, der mir jetzt auf der anderen Seite des Tores gegenübersteht, gehört trotz seines Geschlechts und seines Alters nicht in diese Gruppe von Menschen.

Ich frage ihn, ob er den Brief der Bürgermeisterin bekommen hat. Jaja, den habe er gesehen. „Und, können Sie kommen?" Naja, das wisse er noch nicht so richtig. Eventuell müsse er arbeiten. „Was wird da denn so passieren?“

„Naja, Sie wissen ja vielleicht, dass das Baumblütenfest für dieses Jahr abgesagt wurde und jetzt neu gestaltet werden soll. Dafür veranstaltet die Stadt Workshops mit verschiedenen Einwohner*innen.“ Oh ja, die Absage des Fests habe er mitbekommen. Er sei da nicht mehr hingegangen die letzten Jahre.

Wir unterhalten uns eine Weile darüber, wie es sich seiner Meinung nach verändert hat. Er ist sich nicht sicher, warum er zu einem solchen Workshop kommen soll. Ich sage ihm, dass die Stadt bereits eine Umfrage zum Fest gemacht hat. Fast ein Viertel der Einwohner*innen hat sich beteiligt. Zusätzlich veranstaltet die Stadt offene Workshops, wo alle, die wollen, mitdiskutieren und Vorschläge erarbeiten können, wie das Fest zukünftig gestaltet werden soll. Dorthin werden vor allem diejenigen kommen, die z. B. vom Fest stark betroffen sind oder vom Fest profitieren. Das reicht aber nicht. Wir wollen auch andere Menschen dabei haben. Deshalb werden für einen weiteren Workshop Menschen per Zufall eingeladen. Ich sage ihm, dass ich mich sehr freuen würde, wenn er dabei wäre. Dass Menschen wie er, die vielleicht keine so festgelegte Meinung haben, in so einem Prozess fehlen und dass wir dort in einem sehr kleinen Rahmen zusammenarbeiten werden. Am Ende des Gesprächs verspricht er mir, dass er kommt, wenn er nicht arbeiten muss. Ich frage ihn, ob wir als Stadt mit seinem Arbeitgeber sprechen sollen, dass es uns sehr wichtig ist, dass er kommen kann. Nein, das mache keinen Sinn, Schicht ist Schicht, aber es werde schon klappen.

Einige Wochen später warte ich vor dem Schützenhaus in Werder (Havel) auf die ersten Gäste des Workshops „Zukunft Baumblütenfest". Als einen der ersten sehe ich den Mann aus dem alten Haus. Wir geben uns die Hand. Ich zeige ihm den Raum. An den Wänden hängen die Ergebnisse der Umfrage, die wir gemacht haben. Er schaut sich um. Als der Workshop losgeht sind 15 Menschen gekommen. Wir sitzen in einem Kreis. Ich beginne damit, die Ergebnisse der Umfrage vorzustellen. Danach sind alle erst einmal aufgefordert, ihre ganz persönlichen Erfahrungen mit dem Fest auf Kärtchen zu schreiben. Wir machen eine Vorstellungsrunde. Die Stimmung ist sehr angenehm. Das ist keine Selbstverständlichkeit. Der Prozess in seiner Gesamtheit wird in Kapitel IV dargestellt, aber soviel vorweg: Das Baumblütenfest ist für viele Werderaner*innen ein Identitätsmerkmal. Als es abgesagt wurde, gab es Demonstrationen vor der Stadtverordnetenversammlung, hunderte Zuschriften und sogar Drohungen gegen Vertreter*innen der Stadt. Hinzu kommt, dass viele Menschen finanziell abhängig sind von den Einnahmen. Andere hingegen litten so stark unter den Auswirkungen und Einschränkungen, dass sie für diese Zeit sogar die Stadt verlassen haben. Hier im Workshop spürt man davon nur wenig. Einige sind zwar sichtlich erbost darüber, dass das Fest abgesagt wurde. Aber es scheint auch durch, dass nicht alles am Fest positiv gesehen wird.

Nach dem Kennenlernen wechseln wir in den Arbeitsmodus. Das *„Wünsch-Dir-was"* beginnt. Ohne Scheuklappen, finanzielle Zwänge oder realistische Chancen auf Umsetzung sollen alle aufschreiben, was sie sich eigentlich für, auf und um das Fest wünschen. Mir fällt auf, dass sich der Mann aus dem alten Haus mit der Aufgabe nicht wohl fühlt. Er orientiert sich an seinem

Sitznachbarn, ähnliches Alter, ähnlicher Habitus. Dieser ist zwar auch zögerlich, aber schreibt dann doch einiges auf. Die beiden unterhalten sich ein bisschen. Als ich später die Karten einsammle und wir sie gemeinsam clustern, bilden sich einige Schwerpunkte heraus. Ich frage ab, wer sich mit welchen Schwerpunkten weiter beschäftigen möchte. Es bilden sich mehrere kleinere Gruppen. Der Mann aus dem alten Haus hat nichts aufgeschrieben. Ich frage, womit er sich gerne beschäftigen würde? Was stört ihn zum Beispiel am Fest? Nach einigem Zögern sagt er, dass es ihn vor allem störe, dass man bei den vielen Ständen nicht wisse, woher diese eigentlich kommen. Ob es zum Beispiel ein Werderaner Unternehmen ist? Wie groß das Unternehmen ist? Und man wisse nicht, nach welchen Kriterien die Stände vergeben werden. Sein Sitznachbar stimmt ihm zu, andere ebenso. Ich biete an, die beiden könnten zu dieser Frage einen Vorschlag ausarbeiten.

Um die Ideen zu strukturieren, habe ich plakatgroße Steckbriefe vorbereitet. In diese müssen Titel und Beschreibung nur noch eingefügt werden. Außerdem gibt es für den späteren Prozess ein Kommentar- und Bewertungsfeld. Sichtlich dankbar für die konkrete Aufgabe setzen sich die beiden an einen kleinen Tisch. Nach einer halben Stunde präsentieren sie ihren Vorschlag. Alle sind begeistert. Der Vorschlag trägt die Überschrift 'Transparenz'. Es soll einen Kriterienkatalog für die Vergabe der Stände geben, der öffentlich bekannt gemacht wird. Schön wäre auch, wenn die Standbetreiber dazu verpflichtet werden könnten, Schilder mit den wichtigsten Infos zum Unternehmen anzubringen.

Nach dem Workshop kommt der Mann zu mir. Er bedankt sich, erklärt noch einmal, dass er anfangs etwas schüchtern war und nicht so richtig wusste, was er hier sollte. Es habe aber dann Spaß gemacht. Auch die Gespräche mit den anderen waren gut.

Einige Wochen später sollen die Ergebnisse des Beteiligungsverfahrens an ein Planungsbüro für Großveranstaltungen übergeben werden. Das Ganze findet in einem Ausschuss der Stadtverordnetenversammlung statt. Ich habe alle Steckbriefe mitgebracht und ausgelegt. Insgesamt sind es über 60 konkret ausgearbeitete Vorschläge aus insgesamt fünf Workshops, davon zwei mit gelosten Teilnehmenden, die zusammen mit den Ergebnissen der anderen Phasen des Beteiligungsverfahrens an die Planer übergeben werden. Ich habe die Teilnehmenden aus der Zufallsauswahl eingeladen und gefragt, ob jemand vielleicht einen Steckbrief vorstellen möchte. Einer der zufällig ausgewählten Jugendlichen stellt einen Vorschlag für eine neue Route des traditionellen Baumblütenlaufs vor. Der Mann aus dem alten Haus ist nicht gekommen. Das wäre zwar für diese Geschichte schön, war aber nicht zu erwarten. Stattdessen ist der Sitznachbar des Mannes aus dem alten Haus gekommen und stellt ihren gemeinsamen Steckbrief zur Transparenz vor. Stellvertretend für alle Einwohner*innen übergibt er alle Ergebnisse auf einem USB-Stick an den Veranstaltungsplaner.

Einige Monate später wird das Konzept für das neue Baumblütenfest durch die Stadtverordneten beschlossen. Im Konzept bekommt das Thema Transparenz ein eigenes Unterkapitel und es wird festgehalten, dass die Vergabekriterien und Auflagen für alle Anbieter*innen transparent und nachvollziehbar sein müssen.

Diese Geschichte soll verdeutlichen, dass es wichtig ist, Menschen in politische Prozesse einzubinden, die andernfalls fehlen würden. Damit ist es aber nicht getan. Es braucht Methoden und einen Rahmen, die sicherstellen, dass sie sich auch wirklich beteiligen. Der beschriebene Mann ist ein Sinnbild für viele andere Menschen. Er ist Teil dessen, was gemeinhin als „schweigende Mehrheit" bezeichnet wird. Menschen, die sich in ihrer politischen Teilhabe darauf beschränken, wählen zu gehen (und vielleicht nicht einmal das). Ich musste ihn im wahrsten Sinne des Wortes zu Hause abholen, um ihn in einen politischen Prozess einzubinden. Was aber, wenn jemand nicht mal ein Zuhause hat, an dem sie oder er abgeholt werden kann? Genau davon handelt unsere zweite Geschichte.

Zählt wirklich jede Stimme gleich viel?

„Warum habt ihr eigentlich nicht fünfzig Prozent wohnungslose Menschen eingeladen? Wäre es nicht mal angebracht, Eure Veranstaltung nur mit wohnungslosen Menschen zu machen?"

Wo eben noch angeregtes Kennenlerngeplauder herrschte und die Teilnehmenden des Demokratiekonvents in Frankfurt in kleinen Grüppchen mit Kaffee und Brötchen in der Hand zusammenstanden, wurde es auf einmal verdächtig ruhig. Und nicht nur den Teilnehmenden verschlug es die Sprache, auch wir von *mehr als wählen e. V.* suchten zunächst nach den richtigen Worten.

Wenige Stunden zuvor ist es erwartungsvoll still im Panoramasaal, mit Blick über den Frankfurter Römer. Es ist ein Samstagmorgen im Februar 2019. In einer Stunde erwarten wir hier sechzig Menschen, die drei Tage lang gemeinsam über Frankfurter Bürger*innenbeteiligung beraten. Und zwar nicht die üblichen Verdächtigen, sondern *alle*, bunt gemischt. Dafür hat *mehr als wählen e. V.* Briefe an zufällig geloste Frankfurt*innen verschickt. Weil nicht alle Menschen auf einen solchen Brief antworten, waren wir zusätzlich in ganz Frankfurt unterwegs und haben 20 Menschen persönlich eingeladen. Wir waren in einem queeren Jugendzentrum, bei verschiedenen Geflüchteten-Organisationen, an Berufsschulen und bei der Wohnungslosen-Hilfe der Caritas. Wir haben also genau die Menschen persönlich besucht, die sich (fast) nie im politischen Diskurs beteiligen und deren Stimmen daher selten bis nie Gehör finden. Weil es uns beim Demokratiekonvent wichtig ist, wirklich alle Lebensrealitäten miteinander in Austausch zu bringen, haben wir der Zufallsauswahl per Brief und der Vielfalt derjenigen, die teilnehmen wollen, nicht komplett vertraut. Wir haben unterrepräsentierte Gruppen direkt aufgesucht. Und zwar genau an den Orten, wo diese Gruppen sich treffen, sich organisieren oder ihren Lebensmittelpunkt haben.

Neben 40 per Brief ausgewählten Menschen waren an jenem Samstagmorgen also auch Jugendliche, Geflüchtete, Menschen mit körperlicher Einschränkung und Wohnungslose bzw. Menschen mit Erfahrung von Wohnungslosigkeit zum ersten Frankfurter Demokratiekonvent erschienen.

Und nun – gleich zu Beginn – wurde unser Vorhaben erheblich auf die Probe gestellt. Wie tauscht man sich eigentlich mit unterrepräsentierten Gruppen aus? Was bedeutet es, mit so einer anderen Lebensrealität konfrontiert zu sein?

Die Lebensrealität eines wohnungslosen Menschen – wer kennt sie überhaupt? Spielt sie eine Rolle für unsere politischen

Entscheidungen? Kann sie überhaupt eine Rolle für unsere politischen Entscheidungen spielen, wenn die große Mehrheit sie vielleicht gar nicht kennt?

Natürlich könnte man sagen, Wohnungslosigkeit in Deutschland ist ein Rand-Problem. Im Jahr 2018 waren in Deutschland 678.000 Menschen wohnungslos, bei 82 Millionen Einwohner*innen klingt diese Zahl erstmal ziemlich klein, auch wenn die Dunkelziffer vermutlich höher ist.

„Obdachlose sind doch eh alle Junkies!“, „Wenn ich denen Geld gebe, versaufen sie es nur!“, sind übliche Vorurteile, die die Wahrnehmung Obdachloser im öffentlichen Diskurs prägen. Und ganz ehrlich, häufig ist man doch froh, mal eben die 20, 30 Cent Rückgeld in den Becher von Obdachlosen an der Bushaltestelle zu werfen und nach einem langen Arbeitstag nicht an deren Situation denken zu müssen. „Die sind sicher selbst schuld, dass sie auf der Straße sind“, erzählen sich die meisten und widmen sich ihrem Smartphone. Nur, warum tauschen wir uns eigentlich nicht mehr über die Situation auf der Straße aus? Sind wirklich alle Menschen freiwillig auf der Straße? Und wie landet man dort eigentlich? Würde man in einem reichen Land wie Deutschland nicht erwarten, dass all diejenigen, die unfreiwillig auf der Straße sind, schnell wieder ein Dach über dem Kopf haben sollten? All dies sind politische Fragen, die eine gesamtgesellschaftliche Auseinandersetzung erfordern. Fragen, die vielleicht stärker in den Fokus der politischen Debatte gehören sollten, insbesondere weil es für Menschen ohne festen Wohnsitz auch erschwert ist, bei einer Wahl ihre Stimme abzugeben. Ist es aber nur erschwert möglich, die eigene politische Präferenz bei einer Wahl abzugeben, geht man eher nicht wählen. Geht man nicht wählen, wird man nicht repräsentiert. Wird man nicht repräsentiert, werden die eigenen Interessen nicht vertreten. Werden die eigenen Interessen nicht vertreten, kann sich nichts ändern.

Da stehen wir also nun in Frankfurt beim Demokratiekonvent. Alle bis auf zwei Teilnehmende mit festem Dach über dem Kopf und auch mit einer gewissen Sicherheit, dieses Dach nicht allzu bald zu verlieren. Das gesamte Team von *mehr als wählen e. V.* – ebenso mit einem sicheren Dach über dem Kopf.

Und was fordert Luise (Name geändert)[1], eine der beiden wohnungslosen Personen? „Eine Mehrheit von Wohnungslosen als Ausgangspunkt für den Demokratiekonvent!" Eine Mehrheit, einfach nur, weil die eigene Stimme nie oder fast nie genug gehört wird, weil niemand sich stellvertretend für ihre Interessen einsetzt.

Nach der Sprachlosigkeit kommt die Debatte. „Wäre das nicht unfair? Eben weil es sich nur um 687.000 Betroffene handelt?" „Wie sollen wir weitermachen?" Luise überlegt, ihre Teilnahme am Demokratiekonvent frühzeitig abzubrechen. „Ich habe das Gefühl, mir wird nicht auf Augenhöhe begegnet. Die Vorschläge, die ich mache, interessieren niemanden." Wir sind alarmiert. Ist Luise nicht genau diejenige, die wir unbedingt dabei haben wollen? Diejenige, deren Stimme immer als ungehört beschrieben wird? Diejenige, zu denen Politiker*innen Land auf Land ab aufwendige Verfahren und Ideen entwickeln, um ins Gespräch zu kommen. Nach einer kurzen Diskussion mit der gesamten Gruppe, in der wir nochmals Methode und Auswahl der Beteiligten besprechen, verlegen wir die Debatte in ein Gespräch unter vier Augen. Luise und ich setzen uns an die Seite. Die anderen

Teilnehmenden haben den Wunsch geäußert, sie weiterhin dabei haben zu wollen und mehr Respekt für ihre Position zu üben. „Luise, wie gehts dir? Was wünschst du dir?“ frage ich, selbst unsicher, was ich machen kann, außer erst einmal zuzuhören. Luise erwidert: „Ich wünsche mir mehr Beteiligung von marginalisierten Gruppen. Ja. Aber ich wünsche mir auch, dass uns auf Augenhöhe begegnet wird. Keine abwertenden Blicke über meine Kleidung, die kaputter ist als die der Bürgerlichen. Kein Übergehen meiner Meinung, die vielleicht radikaler ist als die der Mehrheit hier. Und schließlich, dass die anderen Anwesenden auch noch morgen, in einer Woche und in einem Jahr an mich denken. Ich gehe nicht so einfach zurück in ein warmes Haus und habe heute ein bisschen Politik gespielt. Für mich formt gute oder schlechte Politik den Alltag eben besser oder schlechter.“

Luise bleibt schließlich noch anderthalb Tage, also genau die Hälfte der Dauer des Demokratiekonvents. Sie spricht mit anderen Teilnehmenden, erzählt von ihrem Alltag, dem Wechsel zwischen Wohnen in speziellen Unterkünften und temporären Wohnungen, dem Leben auf der Straße und den Vorurteilen und Stigmata, die ihr fast alle entgegenbringen. Dass sie früher einen Beruf hatte, erzählt sie. „Es sei aber egal, welchen. Anerkennung sollte nicht wegen des Berufs kommen oder wegen eines Lebens auf der Straße. Anerkennen sollten wir uns, weil wir alle Menschen sind und uns so oder so auf Augenhöhe begegnen sollten.“

Auch wenn Luise nicht bis zum Ende bleibt, die Stimmung hat sie nachhaltig verändert. Im Team von *mehr als wählen e. V.*, weil wir viel stärker reflektierten, was ein Demokratiekonvent leisten kann und was nicht. Dass wir zwar Menschen in Austausch bringen können und die Stadtverordnetenversammlung beraten, dass wir aber nicht sofort die Lebenssituation unserer Teilnehmenden ändern können. Dass wir mit unserem Format große Verantwortung tragen, Gespräche und gemeinsames Arbeiten zu ermöglichen, die wirklich auf Augenhöhe stattfinden. Und schließlich, dass vielleicht bei einigen Themen eine Quotierung besonderer Gruppen angemessen sein könnte und wir dies je nach Thema neu entscheiden müssen. Bei den Teilnehmenden, weil viele bis heute von Luise sprechen. Wohnungslose Menschen auf der Straße anders anschauen. Ihnen vielleicht manchmal mehr Geld geben. Manchmal immerhin ein Lächeln schenken. Und Luises Position in ihren politischen Entscheidungen mitreflektieren. Eben weil es hilft, sich vorzustellen, wie ein Verhandlungstisch mit 50 Prozent wohnungslosen Menschen aussähe.

Worum geht es in diesem Buch?

Geschichten wie die von dem Mann aus dem alten Haus oder von Luise können wir einige erzählen und werden das in diesem Buch auch tun. Das Mädchen mit Downsyndrom, dessen Mutter sehr deutlich sagte, dass so ein Workshop, noch dazu zu so einem abstrakten Thema wie einem integrierten Stadtentwicklungskonzept für ihre Tochter nichts sei, die Tochter schließlich nach gemeinsamer Vorbereitung dann aber doch zum Workshop dazu kam. Der 86-jährige Bäcker, der keinen Schulabschluss hat und drei Mal in Linus' Büro kam, um sich den Raum des Workshops zeigen zu lassen, um dann schließlich auf dem Workshop zu erleben, wie viel Wertschätzung ihm völlig Unbekannte für seine Lebenserfahrung entgegenbringen. Eine Schülerin, die endlich auf Augenhöhe einer ebenfalls zufällig ausgewählten Schulleiterin erklären kann, wie sie sich Unterricht eigentlich wünscht – ein Gespräch, das nur in einem Bürger*innenrat – also außerhalb der hierarchischen Organisation von Schule – möglich war. All diesen Menschen ist gemein, dass sie zwar relevante Bevölkerungsgruppen repräsentieren, aber ohne den persönlichen Kontakt und eine geschützte Atmosphäre in den Veranstaltungen nie in ein Beteiligungsverfahren eingebunden worden wären.

Und genau darum geht es in diesem Buch.

Was haben wir vor?

Wir zeigen, wie man Politik verändern kann. Und zwar strukturell, so dass für alle Menschen mehr Teilhabe möglich wird. Wir zeigen, warum es wichtig ist, etwas zu verändern und stellen die passenden Verfahren und Methoden dafür vor. Es geht darum, die zunehmende Differenzierung von Gesellschaft und die Pluralität von Lebenswirklichkeiten ernst zu nehmen. Welche Konsequenz hat diese Differenzierung für Austausch und Repräsentation? Warum ist es überhaupt wichtig, dass sich die Vielfalt der Gesellschaft in Gremien, Institutionen und letztlich bei Entscheidungen der Gesellschaft widerspiegelt? Dabei gilt es auch, Unterschiede zwischen Ost- und Westdeutschland in den Fokus zu nehmen. Im Austausch miteinander haben wir gemerkt, dass es unterschiedliche Erfahrungen mit Beteiligung gibt, die die Art und Weise, wie Demokratie vor Ort funktioniert, stark beeinflussen.

Nach dem Warum kommt das Wie: Hier geht es um unsere konkreten Modelle des aufsuchenden Losverfahrens. Daran anknüpfend werden wir darlegen, warum wir damit Menschen für den politischen Diskurs gewinnen, die normalerweise nicht teilnehmen oder unterrepräsentiert sind. Wir zeigen, wie wir das Drittel, das sich vom politischen System abgewandt hat oder schlicht fehlt („Zweidritteldemokratie"), wieder an den Tisch holen. Aufsuchende Losverfahren brauchen eine größere Reichweite, verdienen mehr Bekanntheit und weitere Anwendungsfelder.

Es folgen Praxisbeispiele aus Falkensee, Frankfurt am Main, Werder (Havel) sowie aus zwei Bundestagswahlkreisen in Berlin. Diese Beispiele nehmen einen großen Teil des Buchs ein. Denn nur die konkrete Praxis kann veranschaulichen, mit welchen Schwierigkeiten und Überraschungen man rechnen muss, wenn man neue Wege der Beteiligung beschreitet. Außerdem veranschaulichen wir mit Geschichten von Menschen, die an unseren aufsuchenden Prozessen teilgenommen haben, was Menschen an politischer Teilhabe hindert. Aus den konkreten Erfahrungen leiten wir Empfehlungen ab – als Essenz unserer Arbeit; aufbereitet, um allen Interessierten die selbstständige Umsetzung zu ermöglichen.

Daraufhin wird dargestellt, in welchen Bereichen aufsuchende Verfahren angewandt werden können. Dabei geht es um Bürger*innenbeteiligungsverfahren bis hin zu nationalen Bürger*innenräten, ebenso wie Unternehmen, Schulen, Universitäten oder Verbänden und große Organisationen.

Schließlich zeigen wir, welche Rahmenbedingungen nötig sind, um aufsuchende Losverfahren zu etablieren. Denn eines ist klar: Wir hatten Glück, die hier vorgestellten Projekte mit einer gewissen gestalterischen Freiheit erproben und durchführen zu können. Diese Bedingungen sind nicht selbstverständlich.

Für die Vision einer inklusiven Demokratie, die den Abschluss des Buches bildet, sind sie unabdingbar.

Wie vielleicht schon jetzt deutlich wird: Dieses Buch ist gleichzeitig ein Plädoyer, eine wissenschaftsbasierte Begründung für Losverfahren, ein Erfahrungsbericht und eine Anleitung. Und obwohl die Kapitel aufeinander aufbauen, können sie auch einzeln gelesen werden. Wenn Sie sich also besonders für unsere kondensierten Empfehlungen interessieren, dann können Sie auch Kapitel fünf zuerst lesen und dann entscheiden, was Sie als nächstes lesen wollen. Oder Ihnen geht es um die Praxisbeispiele? Dann sind Sie in Kapitel vier richtig. Wenn Sie aber die volle Packung wollen, dann lesen Sie einfach weiter.

„Es war spannend, mit Menschen aus allen Gesellschaftsschichten in Kontakt zu kommen" – *Luminita A.*

Kapitel II

Eine veränderte Gesellschaft braucht veränderte Methoden

„Es steht nicht gut um die Demokratie", so oder so ähnlich lassen sich die Ereignisse, das Gefühl und die Berichterstattung der vergangenen Jahre beschreiben, blickt man auf den Umgang mit Fluchtmigration und Aufstieg der AfD im Jahr 2015, auf den Brexit und die Wahl Trumps im Jahr 2016 oder auf die Proteste gegen die Corona-Maßnahmen der Bundesregierung und die daraus entstehenden Querverbindungen des rechtsextremen Milieus in unterschiedlichste Teile der Gesellschaft derzeit. Einige Medien tragen zunehmend zu einer Spaltung der Gesellschaft bei, das Internet bietet die Möglichkeit, permanent im Austausch mit anderen zu stehen und Wissen und Nichtwissen zu verbreiten, die Diskussionskultur ist sowohl im Netz als auch analog immer angespannter. Wie steht es also um die Demokratie? Steckt die Demokratie in der Krise? Welche Probleme gibt es? Und warum fällt es der Politik so schwer, hierauf Antworten zu finden?

Wo beginnt man, um diese Fragen zu beantworten? Denn es sind viele Probleme, viele Probleme auf den unterschiedlichsten strukturellen Ebenen. Wie stellt man immer wieder einen demokratischen Grundkonsens sicher? Welche politischen Strukturen können auf sich ständig verändernde gesellschaftliche Fragen angemessen antworten? Hinzu kommen inhaltliche Herausforderungen wie eine zunehmende Wohnungsnot und die steigenden Mieten, der Umgang mit Digitalisierung und die wachsende soziale Spaltung zwischen Arm und Reich. Und schließlich die alles überschattende Frage, wie der Klimawandel noch einzudämmen ist.

Für die Menschen, die Politik tagtäglich ausmachen, gibt es also viel Gelegenheit für Aufregung, aber auch für Arbeit und

Gestaltung. Politiker*innen, so müsste man meinen, haben mehr zu tun denn je. Und, gemessen an der Lautstärke und Vielzahl der Einspruchsmöglichkeiten seitens der Wähler*innen – insbesondere dank des Internets zusätzlich zu klassischen Beteiligungsinstrumenten –, nutzen diese vielfältige Möglichkeiten, ihre Repräsentant*innen verantwortlich zu halten. Politiker*innen ist dieser dauerhafte Austausch natürlich auch möglich.

Und doch: Auch hier oder insbesondere hier, gewissermaßen im Zentrum der repräsentativen Demokratie – der Beziehung von Repräsentierten und Repräsentant*innen –, kristallisieren sich die Herausforderungen deutlich heraus. „Die da oben machen, was sie wollen", „Meine Belange sind doch in Berlin eh nicht von Interesse" sind Sätze, die in den vergangenen Jahren häufig fallen. Viele Politiker*innen berichten, dass ihnen immer mehr Ablehnung, Unverständnis und Hass entgegenschlügen.[2] Zugleich verlieren die klassischen Volksparteien an Zulauf und schaffen es kaum noch, Mehrheiten zu generieren. Mit der AfD hat sich eine Partei in der politischen Landschaft Deutschlands eingerichtet, die die zuvor üblichen Mehrheitsverhältnisse aus dem scheinbar stabilen Schlaf rüttelt. Und so kämpfen politische Parteien darum, zukunftsfähig für das 21. Jahrhundert zu bleiben und weiterhin den unterschiedlichen Ansprüchen von Wähler*innen gerecht zu werden.

Daneben sind eine Vielzahl von Akteur*innen auf die politische Bühne getreten, die zu Beginn ihres Auftretens unterschätzt worden sind. Die klimapolitische Jugendbewegung *Fridays For Future* hat sich zu einem relevanten *player* entwickelt, der es schafft, die politische Agenda zu beeinflussen und – stärker – beansprucht, diese zu bestimmen. Dass das Engagement in

NGOs[3] und politischen Bewegungen steigt, während die Mitgliederzahlen in Parteien sinken, beschreibt eine wesentliche Entwicklung der heutigen Zeit: Die zunehmende Ausdifferenzierung der Gesellschaft führt zu einer Vielfalt von unterschiedlichen Lebenswelten, die häufig nur nebeneinander existieren, nicht aber miteinander. Dass zugleich ein steigendes Bewusstsein für die eigene Identität zu einer immensen Debatte um sogenannte *identity politics* führt, leistet das Übrige, um hier nicht konstruktive Verständigung zu ermöglichen, sondern viel eher Fronten weiter zu verhärten. Was bedeutet das? Immer mehr Menschen berufen sich auf bestimmte Merkmale ihrer Persönlichkeit, aufgrund derer sie politische Ansprüche erheben. Und trotz dieser vermehrten politischen Kämpfe muss man von einer „Zweidritteldemokratie"[4] sprechen. Beteiligungsverfahren, ob klassische wie Wahlen, oder neue und innovative wie etwa Bürger*innenräte, unterliegen einer sozioökonomischen Stratifizierung,[5] das heißt einer Schichtung, die vor allem Menschen mit geringem Einkommen sowie formal niedrigem Bildungsabschluss betrifft. Diese Menschen gehen häufig nicht (mehr) wählen, wodurch wiederum die Repräsentation ihrer Interessen nicht gewährleistet ist. Es beteiligen sich etwa noch zwei Drittel der Bevölkerung an Wahlen. Diese zwei Drittel setzen sich aus jenen zusammen, die ökonomisch abgesichert sind und eher einen formal hohen Bildungsabschluss haben – kurzum: Demokratie ist keine Teilhabe aller, sondern eine derer, die es sich leisten können.

Wer ist dann noch die Gesellschaft? Wer repräsentiert also eigentlich noch wen? Und wie wollen Menschen eigentlich repräsentiert werden? Was ist die Aufgabe gewählter Abgeordneter in einer repräsentativen Demokratie, in der die soziale Identität nicht mehr auf die eigene Parteizugehörigkeit festgelegt werden kann? Diesen Fragen widmen wir uns im folgenden Abschnitt. Dies erfolgt mit Blick auf drei Felder: Politik, Gesellschaft und Beteiligung. Natürlich überlappen sich diese, doch eine analytische Abgrenzung hilft, den Blick für Veränderungen zu schärfen, die derzeitige politische Probleme und Herausforderungen maßgeblich prägen.

Der erste Abschnitt befasst sich mit der Ausdifferenzierung der Gesellschaft. Welche Veränderungen haben sich in den vergangenen Jahren ergeben? Ist die zunehmende Politisierung Ausdruck von einer *neuen* Gesellschaft? Im anschließenden Teil beleuchten wir dann die Herausforderungen, die sich an eine verändernte Gesellschaft stellen. Sind die althergebrachten politischen Mechanismen wie Wahlen noch zeitgemäß? Was bedeutet es eigentlich, von einer repräsentativen Demokratie zu sprechen und welche Erwartungen verbergen sich dahinter? Und schließlich beleuchten wir drittens die Effekte auf Beteiligung im Allgemeinen. Dies dient dazu, ein grundsätzliches Verständnis davon entwickeln zu können, was politische Teilhabe eigentlich ermöglichen soll.[6]

Neue (differenzierte) Gesellschaft?

In den vergangenen 30 Jahren ist viel passiert: Mauerfall und Wiedervereinigung, Globalisierung, der Rückbau des Sozialstaats durch die Agenda 2010, Debatten um Integration und Migration und nicht zuletzt die Integration des Internets in alle möglichen Lebens- und Handlungsfelder. Umso dringender ist es geboten, sich damit auseinanderzusetzen, welche Bedeutung diese Veränderungen für politisches Handeln und gesellschaftliches Miteinander haben. Was bedeutet die Floskel der Ausdifferenzierung, die seit einigen Jahren in aller Munde ist? Warum beeinflusst diese so stark das Beteiligungsverhalten?

Der folgende Abschnitt gliedert sich in drei Teile. Anders als in den meisten herkömmlichen Büchern über Politik und Gesellschaft, stellen wir dabei bewusst die Auseinandersetzung mit Ost und West an den Beginn der Analyse. Dies soll verdeutlichen, wie stark Annahmen von und über das, was als normal angesehen wird, unser Denken über Politik und Gesellschaft und insbesondere über Minderheiten prägen. Ebenso wichtig ist der Hinweis, dass auch die Gruppe der Gastarbeiter*innen und die Auseinandersetzung mit der Tatsache, dass Deutschland ein Einwanderungsland ist, in den meisten Abhandlungen kaum Beachtung findet. Anschließend wird ein Blick darauf geworfen, welche anderen Faktoren zu einer Ausdifferenzierung von Gesellschaft in den vergangenen Jahrzehnten geführt hat. Und schließlich werden drittens diese Ergebnisse zusammengeführt und unter dem Schlagwort der *identity politics* debattiert.

Welche Gesellschaft?
Ost, West, Eingewandert.

Wenn von der deutschen Gesellschaft gesprochen wird, dann haben viele, wenn nicht die meisten Menschen ein recht klares Bild vor Augen. Reihenhaus, Auto, zwei Kinder namens Lena und Alexander, Mutter Hausfrau, Vater angestellt in einem mittelständischen Unternehmen, Wohnort eine beschauliche Vorstadt im Speckgürtel von München, Stuttgart oder Bielefeld. Redet man über Ostdeutschland, springen andere Bilder in den Kopf. "Jammer-Ossis", das Sonnenblumen-Haus in Rostock-Lichtenhagen oder die Pegida-Demonstrierenden in der Innenstadt Dresdens. Die ewige Frage danach, ob es wirklich keine Bananen im Osten gab und wie lange man tatsächlich auf einen Trabbi warten musste. Ähnlich verhält es sich, wenn man beginnt, von Deutschland als Einwanderungsland zu sprechen. Spricht man von Migration und Integration, werden kriminelle arabische Clans in Berlin-Neukölln bemüht, wird über mangelnde Deutsch-Kenntnisse und die Kölner Silvesternacht 2015/2016 geklagt.

Und das, obwohl sowohl Ostdeutsche als auch Migrant*innen je rund 25 Prozent der gesamtdeutschen Bevölkerung ausmachen. Und obwohl ohne die immense Unterstützung von Gastarbeiter*innen aus Italien, Griechenland, Spanien[7] und seit den 1950er Jahren der Türkei, das berühmte deutsche Wirtschaftswunder niemals Wirklichkeit geworden wäre.

Worüber reden wir also eigentlich, wenn wir über *die* deutsche Gesellschaft reden? Wer ist die deutsche Gesellschaft? Wer wird wahrgenommen, wer gilt als normal, wer darf Teil der deutschen Gesellschaft sein? Diese Fragen wird dieses Buch nicht endgültig beantworten können, vermutlich sind es Fragen, die niemals abschließend beantwortet werden können. Sie sollen aber verdeutlichen, dass bereits die Wahrnehmung darüber, wer wie Teil einer Gesellschaft ist, Fragen von Beteiligung und Repräsentation beeinflussen.

Relevant werden solche Wahrnehmungen besonders dann, wenn sie sich verfestigen und so zu langfristigen Schieflagen in politischen Diskursen und entsprechender Ungleichbehandlung führen. “Immerhin mehr als ein Drittel der Ostdeutschen sehen sich laut neuesten Umfragen als Bürger zweiter Klasse“.[8] Menschen mit Migrationsgeschichte beklagen Benachteiligung, wenn es um eine Gymnasialempfehlung oder die Anmietung einer neuen Wohnung geht. Und zugleich wird dieses Desinteresse sichtbar, wenn im Zuge der Morde des Nationalsozialistischen Untergrunds (NSU) mangelnde Aufklärungsbereitschaft und schleppende Untersuchungen die Folge sind. „Deklassierungs- und Entmündigungserfahrungen“[9] spielen also für beide Gruppen, wenn auch auf sehr unterschiedliche Weise, eine sehr entscheidende Rolle. Dass es dabei natürlich auch zwischen diesen beiden Gruppen und innerhalb der jeweiligen Gruppen unterschiedliche Erfahrungen und Konflikte gibt, verdeutlicht nur umso stärker, wie notwendig und dringend geboten die Auseinandersetzung mit den unserer Gesellschaften eigenen Brüchen und Widersprüchen, ebenso wie deren ständiger Veränderungen ist.[10]

An Schärfe gewinnt dieses Problem, schaut man auf die Spitzenpositionen in Wirtschaft und Politik. Kein einziges Ministeramt im aktuellen Kabinett Merkels wird von einem Menschen mit Migrationsgeschichte besetzt und die Ernennung der ersten ostdeutschen Bundesverfassungsrichterin[11] 30 Jahre nach der Wiedervereinigung im Juli 2020 löste eine große Debatte über die Relevanz der Herkunft von Richter*innen aus. Von West nach Ost gab es nach dem Mauerfall einen massiven Elitentransfer, das heißt, dass sogar im Osten selbst fast alle Spitzenpositionen von Westdeutschen geführt werden.[12] Für Menschen mit Migrationsgeschichte stellt es ebenfalls eine Ausnahme dar, vergleichbare Posten zu ergreifen. Als Linus 2018 bei einem Netzwerktreffen des Netzwerks Bürgerbeteiligung die Frage stellte, welche der 80 Teilnehmenden in Ostdeutschland tätig seien, meldeten sich lediglich zwei Personen. Auch die Beteiligungsszene ist nicht nur im Westen, sondern eben auch im Osten vor allem von westdeutschen Biografien geprägt.

Debattiert man also die Krise der Demokratie, die Frage nach angemessener Beteiligung und die Ursachen für überforderte Volksparteien, gilt es zugleich zu debattieren, ob Lena und Alexander tatsächlich die deutsche Gesellschaft abbilden, oder ob nicht Fatma und Ahmed genauso dazugehören. Wenn man über die Inklusivität von Demokratie nachdenkt, muss man zugleich im Kopf behalten, welche exklusiven Prozesse Demokratie mit sich bringt. Wer erhält die Staatsbürgerschaft und darf wählen? Ab welchem Alter darf man wählen? Welche Instrumente der Beteiligung gibt es für diejenigen, die nicht wählen dürfen und welche Anreize werden geschaffen, damit diese Beteiligung dann überhaupt Wirksamkeit entfaltet? Hat das Wählen in Ost wie West denselben Stellenwert, bedenkt man, dass auch der Umbau der Parteienlandschaft nach der Wende schnell von westdeutschen Eliten dominiert wurde? Wen wollen Parteien ansprechen und wen schließen sie aus?

Nicht nur das große Ganze der Gesellschaft aber ist Veränderungen unterworfen, auch die Binnenstrukturen haben sich gewandelt. Dies wird der folgende Abschnitt beleuchten.

Ausdifferenzierung der Gesellschaft

Der Begriff der Ausdifferenzierung der Gesellschaft beschreibt im Wesentlichen einen grundsätzlichen Wandel der Strukturierung der (west-)deutschen Gesellschaft. Und dies bereits seit den später 1960er Jahren. Der Osten erlebte diesen Wandel seit der Wende ab dem Jahr 1990 quasi im Schnelldurchlauf: Politisierung und Freiheit, sowie dann Fragmentierung des Arbeitsmarkts und sozialer Beziehungen. Drei Faktoren sind im Westen wesentlich für die Veränderungen: die Postindustrialisierung[13] (also die sinkende Wichtigkeit von Industrie), ein breiterer Zugang zu Bildung und die Aufweichung traditioneller Werte[14].

Die Nachkriegsjahre in der Bundesrepublik entsprachen der Form einer nivellierten Mittelstandsgesellschaft. Es herrschte die Norm der Normalität und ein hohes Streben nach Homogenität. Männer gingen arbeiten, Frauen blieben zu Hause und kümmerten sich um die Kinder, allgemein akzeptiertes Lebensideal waren Eigenheim, Auto und Wohlstand. Mit den genannten Faktoren kommt es ab den 68ern zu einem langsamen Wandel. Im Bereich der Wirtschaft verlagern sich die Arbeitsplätze allmählich vom industriellen Sektor in den tertiären Sektor, zu dem nicht nur, aber vor Allem, Dienstleistungen gerechnet werden. Das heißt, dass klassische Berufe der Nachkriegszeit im Bereich der Industrie nach und nach durch Dienstleistungsberufe ersetzt wurden – oder gar nicht ersetzt worden sind. Dieser Strukturwandel, der sich in den 1970er Jahren fortsetzt, wirkt sich bis heute in ehemals stolzen Arbeiter*innen-Regionen wie etwa dem Ruhrgebiet aus, in denen nun sozial prekäre Verhältnisse und Arbeitslosigkeit vorherrschen.[15] Während 1950 lediglich 33 Prozent der Menschen im tertiären Sektor arbeiteten, sind es 2017 ca. 75 Prozent.[16] Der tertiäre Sektor ist hier aber keineswegs homogen. Grob einteilen lässt er sich in den Bereich der Wissensarbeit, in dem vor allem Hochqualifizierte tätig sind, und andererseits den Bereich der einfachen Tätigkeiten, für die es nur geringer Qualifikation bedarf. Wissensarbeit umfasst zum Beispiel Beratungstätigkeiten aller Art, insbesondere im Bereich der Digitalisierung, während die Jobs mit geringer Qualifikation vor allem im Service-Bereich, also etwa in der Gastronomie oder Gebäudereinigung angesiedelt sind.

Zugleich verfügt inzwischen fast jeder Dritte über einen Hochschulabschluss, wobei die Zahl der Studienanfänger*innen noch deutlich höher liegt. Reckwitz spricht im Zuge dieser Akademisierung von einem „revolutionären Wandel“[17] – schließlich führe dies einerseits zu einer Polarisierung von formaler Bildung (eine Spaltung zwischen sehr hohen und zugleich formal sehr niedrigen Abschlüssen) und andererseits einem stark veränderten Angebot auf dem Arbeitsmarkt. In der Zeit nach dem Zweiten Weltkrieg traten viele Menschen einen Beruf an, für den es keine Ausbildung von der Universität bedurfte. Dennoch genossen solche Tätigkeiten hohes Ansehen. Inzwischen ist es in vielen Bereichen notwendig, ein Hochschulstudium vorzuweisen, um angestellt zu werden. Das erhöht einerseits den Druck auf die Ausbildung junger Menschen und stellt ein Problem für diejenigen dar, die sich eine lange Ausbildungsdauer schlicht nicht leisten können. Ihnen bleiben häufig nur schlecht bezahlte Tätigkeiten.

Der dritte Faktor, der sogenannte Wertewandel, wirkt sich insbesondere kulturell auf die Gesellschaft aus: Seit den 1970ern kommt es in der Bundesrepublik, passend zur Student*innenbewegung der 68er, zu einer stärkeren Orientierung hin zu individueller Selbstentfaltung statt Disziplin und Tradition. Dies schlägt sich nieder in der Berufswahl, in Konsumorientierung und Erziehung und prägt damit auch maßgeblich nachfolgende Generationen. Das Modell des arbeitenden Mannes und der Frau am Herd hatte langsam ausgedient. Frauen erhoben Anspruch auf eine eigenständige berufliche Tätigkeit – zumindest in Westdeutschland. Die Lebensart der Eltern-Generation wurde abgelehnt, Heiraten und Kinder wurden auf später verschoben. Homosexualität sollte einen gleichberechtigten Platz neben heterosexuellen Beziehungen finden. Und in Kommunen wurden neue Arten des Zusammenlebens ausprobiert.

Diese Entwicklungen haben die homogene Mittelstandsgesellschaft der Nachkriegsjahre verändert: Andreas Reckwitz beschreibt die Entstehung einer Drei-Klassen-Gesellschaft. Es handelt sich um eine Gesellschaft aus prekärer Unterklasse durch enormen Zuwachs des Dienstleistungsbereichs, aus der alten Mittelklasse und der neuen Mittelklasse. Daneben existiert noch die kleine Oberklasse der Superreichen, die sich immer weiter von den anderen entfernt.[18]

Doch was bedeutet das konkret? Während die alte Mittelklasse diejenigen beschreibt, die sich weiterhin am Gebot der Normalität orientierten, ist insbesondere die neue Mittelklasse prägend für eine gesellschaftliche Ausdifferenzierung. Sie ist Trägerin aller drei gesellschaftlichen Wandel. Sinkt die Zahl der Facharbeiter und der in der Industrie tätigen Menschen stark, gibt es einen erheblichen Zuwachs im tertiären Sektor. Und dies insbesondere im Servicebereich, aber ebenfalls im Bereich der Wissensökonomie, dem Umgang mit Wissen und dem Wissen als Dienstleistung, zum Beispiel in Form innovativer Unternehmensführung. Die Bildungsexpansion tut hierbei ihr Übriges, denn sie ermöglicht zum ersten Mal nicht nur Männern, sondern auch Frauen den Weg zu einem höheren Bildungsabschluss und die Weiterbildung an Universitäten.[19] Die Entstehung alternativer Subkulturen und die weltweite Jugendbewegung ab dem Jahre 1968 führen zu einem liberalen Verständnis der bis dahin traditionellen Werte: Offener Umgang mit Sexualität und Partnerschaft, ebenso wie Selbstverwirklichung werden dominante Themen. So entsteht eine gebildete, kosmopolitische Klasse. Arbeit ist vor allem immaterielle, also meist geistige, nicht-körperliche Arbeit, mit der es sich zu identifizieren gilt – im Gegensatz zum Arbeitsethos der alten Mittelklasse und der unteren Klasse, wo Arbeit vor allem materielle Grundsicherung bedeutet. Die neue Mittelklasse findet sich fast ausschließlich in Städten – Orte, an denen es Universitäten und Jobs in der Wissensökonomie und im Kreativbereich gibt. So entsteht zwischen solchen Gruppen vor allem eine kulturelle Spaltung aufgrund „disparate[r] Lebenswelten"[20] – Lebenswirklichkeiten passen schlicht nicht mehr zueinander. Werte der alten Mittelklasse wirken auf einmal veraltet, es kommt zu Prozessen der Auf- und Abwertung, insbesondere zwischen den beiden Mittelklassen.

Politisch war die Lage in der alten BRD überschaubar, CDU und SPD herrschten als große Volksparteien. Doch hat natürlich der Wandel von Wirtschaft und Gesellschaft auch Auswirkungen auf die Politik. Nicht nur die Gesellschaft differenziert sich aus, die Parteien müssen nachziehen. Mit der größer werdenden neuen Mittelklasse verringert sich natürlich die Stammwähler*innenschaft der üblichen Wähler*innen der Volksparteien. Die neue Mittelklasse kann sich nicht unter dem *catch-all* der Volksparteien vereinen und strebt nach Modellen, denen es gelingt, jeden ihrer Ansprüche abzubilden. Dies ermöglicht zugleich, dass extreme Positionen zugänglicher werden, für solche, die sich mit den Veränderungen nicht mehr identifizieren können.[21]

Diese nachgezeichneten Entwicklungen sind nun primär westdeutsche. Von Relevanz sind diese aber auch im Osten, weil vergleichbare sich dort dann ab den 1990ern quasi im Schnellverfahren ereigneten und damit also gesamtdeutsche Wirksamkeit entfalteten. Es gilt, einen Blick auf eine weitere Veränderung zu werfen, die bei gesamtdeutschen soziologischen Analysen meist verkürzt wird: der Mauerfall und die Wiedervereinigung in den Jahren 1989 und 1990. Während sich für die meisten Menschen in der Bundesrepublik kaum Dinge änderten und insbesondere der Alltag gleich blieb, sahen sich Millionen Ostdeutsche auf einmal mit einem komplett neuen System, Leben und Werten konfrontiert. Dies betraf einerseits die Umstrukturierung der Wirtschaft, die Veränderung der Arbeitsgesellschaft und auch die Übernahme kultureller Werte des Westens.[22] Dies begründet sich einerseits darin, dass die DDR vor der Wende in vielerlei Hinsicht kaputt gewirtschaftet und überaltert war,[23] andererseits in der Anpassung an ein komplett neues System. Ab 1990 erfolgte die Umstellung von Planwirtschaft auf soziale Marktwirtschaft, im Zuge dessen die notwendige Entwicklung einer Arbeitsgesellschaft hin zur Dienstleistungsgesellschaft sowie die Nachholung von Digitalisierung und schließlich die Einbettung in ein globalisiertes Wirtschaftssystem[24] – nicht umsonst spricht DDR-Historiker Ilko-Sascha Kowalczuk hier von „Herkulesaufgaben“[25]. Aber nicht nur diese Aufgaben galt es zu meistern. Die DDR war eine Gesellschaft, die auf der Idee des Kollektivs basierte, eine Gesellschaft, in der die Gemeinschaft Vorrang vor dem Einzelnen hatte – unschwer zu erkennen, dass dies den liberalen Vorstellungen des Westens und der bereits seit den 1970ern vertieften Liberalisierung und Individualisierung widersprach.[26] Steffen Mau spricht gar von einer *„Provinzialisierung* der DDR“[27], einer mangelnden Kultivierung von Offenheit und Diversität aufgrund der jahrzehntelangen Abschottung dieser einheitlichen Gesellschaft gegen den Westen. Umbau der Wirtschaft und Wandel der Gesellschaft standen dabei zugleich in engem Zusammenhang: „Die Menschen verloren nicht nur ihre Arbeit, sondern auch soziale Beziehungen und sozialen Zusammenhalt, der größtenteils über Arbeit gestiftet und gefestigt worden war".[28] Hinzu kommen die massive Abwanderung in den Westen, der Beschäftigungsverlust, weil es nicht mehr genug Arbeitsplätze gab und die niedrigen Renten für eine überalterte Gesellschaft. Die Dominanz des Westens schlug sich zusätzlich auch in den Konsumgewohnheiten nieder – West setzte den Standard, nicht etwa Ost. So auch im Blick auf das politische System: Justizwesen und öffentliche Verwaltung wurden nach westlichem Vorbild aufgebaut, und zwar mit und durch Mitarbeiter*innen aus den westdeutschen Paten-Bundesländern. Und nicht nur hier, auch in vielen anderen Bereichen kam es zum Austausch von Eliten, sodass auch im Jahr 2020 noch von einer Unterrepräsentation ostdeutscher Biografien in Führungspositionen gesprochen werden kann.[29] Insbesondere diese Strategie auch im Bereich der Politik anzuwenden, hatte zur Folge, dass sich zivilgesellschaftliche Strukturen ebenso wie eigene politische Ermächtigung nur schleppend bis wenig entwickelten. „Das Programm hieß Ausdehnung in der Fläche, nicht Adaption und schon gar nicht Neuerfindung. Schlussendlich führte das zu einer Passivisierung der dort schon lange ansässigen Menschen und zu einem bis heute anhaltenden antiinstitutionellen Effekt. Die Ostdeutschen waren vor allem als Politiknehmer*innen gefragt."[30] All dies zusammengefasst, wundert es nicht, dass vielfach eher von Übernahme denn von Wiedervereinigung gesprochen wird.[31] In den vergangenen Jahren ist viel über die Demokratie-Ferne, ja die Ablehnung der Demokratie in den ostdeutschen Bundesländern debattiert worden. Betrachtet man die massiven Transformationen und Verluste, mit denen die Wende für viele Ostdeutsche verknüpft ist, wird zumindest sichtbar, dass dem Zugewinn an Freiheit und Rechtsstaatlichkeit so einschneidende Veränderungen und Verluste gegenüber standen, dass eine kritische Haltung gegenüber dem neuen System auf Erfahrungen eines einschneidenden Lebenswandels verweist.

> „Die Demokratieakzeptanz ist in den östlichen Bundesländern geringer: In Deutschland ist die Unterstützung für die Demokratie insgesamt stark ausgeprägt, es gibt aber beträchtliche regionale Disparitäten: So fällt die Akzeptanz der Demokratie als bester Staatsform in den ostdeutschen Bundesländern durchweg geringer aus als in den westdeutschen. Am niedrigsten ist die Zustimmung mit einem Wert von 61 Prozent in Brandenburg, am höchsten in Niedersachsen mit 84 Prozent.“ [32]

Dass solche Erfahrungen natürlich auch enorme Auswirkungen auf die eigene Identität, ja das Narrativ ganzer Generationen hat und diese eine wichtige Rolle für Politik spielt, darauf soll das folgende Kapitel verweisen. Dabei geht es gar nicht so sehr um Ostdeutschland im Besonderen, als viel eher um verschiedene Identitäten im Allgemeinen.

Zerfällt die Gesellschaft? Welche Rollen spielen Identitäten?

Die genannten Entwicklungen, denen sicherlich noch eine Vielzahl weiterer Analysen dazugestellt werden könnte, machen eines schon jetzt deutlich: *Die* eine Gesellschaft – die gibt es so gar nicht. Viel eher sind moderne Gesellschaften ein Sammelsurium vieler verschiedener sozialer Gruppen aus unterschiedlichen Milieus und Klassen, mit verschiedenen Geschlechtern und Identitäten. Dass eine solche Gesellschaft aber friedlich zusammenlebt und Konflikte in geregelten Bahnen ausgetragen werden, ist Aufgabe von Politik. Zugleich erleben wir, dass die Spaltungen innerhalb der Gesellschaft in den letzten Jahren doch ein Stückchen größer geworden sind. Mehr Gruppen berufen sich auf ihre politischen Rechte und fordern das Ende diskriminierender Praktiken, wie etwa Frauen oder Menschen mit Migrationsgeschichte. Und, auch wenn das Einklagen von Rechten für Minderheiten[33] Ausdruck der inklusiven Seite von Demokratie ist, gibt es zugleich immer Prozesse der Exklusion, wie sich durch die Festlegung von z. B. Staatsangehörigkeit zeigt. Diese Konflikte, die Fragen um das *Wer* und *Wie Viel* der politischen Beteiligung und Mitbestimmung sowie dessen Grenzen sind in den vergangenen Jahren lauter geworden.

Identity politics ist eine Phrase, die derzeit in aller Munde ist und Politik und Feuilleton in ständiger Alarmbereitschaft hält. Es handelt sich um die Annahme, dass Politik nur noch für eine bestimmte Gruppe, basierend auf der Identität dieser Gruppe, gemacht wird. Es ist ein Vorwurf, den sich jüngst vor allem linke Gruppen und Politiker*innen anhören müssen. Er taucht immer wieder im Zusammenhang mit dem Kampf um Schutz und Rechte für Minderheiten auf und ist daher vor allem ein Vorwurf an das progressive Lager. Doch der Vorwurf lässt sich auch umdrehen: Wenn bei Konservativen von der Rückkehr zu traditionellen Werten oder der Berufung auf die Mehrheitsgesellschaft gesprochen wird, wird auch hier eine Identität beschworen: eben die Vorstellung des durchschnittlichen Wählenden im 20. Jahrhundert.

Welche Problematik aber liegt dieser Phrase zugrunde und wie beeinflusst sie unsere Vorstellung von Repräsentation, ja unseren Anspruch an gewählte Politiker*innen? Es wurde bereits festgestellt, dass die Ausdifferenzierung von Gesellschaft einen wesentlichen Einfluss auf das Wahlverhalten hat und *catch-all parties* wie die alten Volksparteien dem kaum noch gerecht werden können.

Ein Mensch ist Träger*in verschiedener Identitäten und Merkmale, viele davon wandeln sich im Verlauf des Lebens. Einige, wie biologisches Geschlecht und Herkunft, eher nicht. Alter, Wohnort und Familienstand ebenso wie Hobbies und Interessen prägen unsere Identität aber gleichermaßen und verändern sich beinahe ständig im Laufe des Lebens. Die unterschiedlichen Identitäten werden bei der Herausbildung der politischen Präferenz unterschiedlich gewichtet. Als junger Mensch in einer Großstadt werden die Fragen nach Rente und Mobilität eine vergleichsweise geringe Rolle spielen. Derselbe junge Mensch kann aber 50 Jahre später, alleinlebend auf dem Land, genau das Thema Rente und Mobilität als am wichtigsten erachten. Diese Aushandlungsprozesse prägen Politik schon immer und Parteien haben die Aufgabe, verschiedene Identitäten möglichst schlüssig in einer politischen Programmatik zu bündeln. Diese Bündelung wird erschwert, wird ein Anspruch, wie oben beschrieben, absolut gesetzt. Dann findet man sich eher in einer NGO, die nur ein Thema bearbeitet, wieder, denn in einer Partei, die genuin alle Politikfelder abzudecken hat. Erschwert wird dieser Vorgang nun dadurch, dass verschiedene Identitäten historisch unterschiedliche Vor- und Nachteile erfahren haben. Insbesondere die Geschlechtszugehörigkeit und Herkunft, aber auch die sexuelle Orientierung waren bis vor wenigen Jahren und Jahrzehnten nach klaren Normalitätskriterien strukturiert. Die Einführung des Wahlrechts für Frauen, das Verbot von Vergewaltigung in der Ehe ebenso wie die Einführung der *Ehe für alle* haben diese alten Standards infrage gestellt. Einige soziale Gruppen sind also historisch benachteiligt, weil sie nicht dem Standard entsprachen und entsprechen. Menschen suchen sich die Zugehörigkeit zu solchen Gruppen dabei selten aus, viel eher teilen sie bestimmte Merkmale einfach aufgrund der Geschlechtszugehörigkeit.[34] Dennoch kann eine Frau vom Land andere politische Präferenzen als eine Frau aus einer Großstadt entwickeln, eben weil sich Identitäten nie auf einen essentialistischen, also einen alles anderen bestimmenden, Kern zurückführen lassen, sondern viel eher fluide sind und im Wechselspiel verschiedener Eigenschaften und Bedingungen entstehen. Der Vorwurf der *identity politics* ist aber nun deshalb so tragfähig, weil es im Kampf um gleiche Rechte (also eine Angleichung an das Normale, den vermeintlichen Standard) natürlich der Berufung auf die Unterdrückung der bestimmten sozialen Gruppe bedarf.

Was bedeutet das für die Politik und die Zukunft von Repräsentation? Heißt es, dass Politik sich ändern muss? Ist es nicht viel eher die Aufgabe von Politik, verschiedene Interessen zu vermitteln, anstatt polarisierend zu vertreten? Absolute Repräsentation nur einzelner Identitäten und Interessen zu fordern ist gefährlich, wenn es in Politik zugleich darum geht, den Widerstreit und Konflikt verschiedener Politikfelder und Identitäten auszuhalten und miteinander in Austausch zu bringen. Dass sich Gesellschaft aber immer weiter ausdifferenziert, ist ein Indikator, dass genau dieser Aushandlungsprozess zunehmend durch Polarisierung erschwert wird. Zugleich ist es damit für die gewählten Repräsentant*innen erschwert, sich unabhängig von ihrem eigenen Geschlecht, Alter oder Beruf als Vertreter*innen anderer und multipler Interessen darzustellen.

Neue Politik?

Nun gilt es sich anzuschauen, welche Aufgaben Politik eigentlich übernimmt und was es eigentlich bedeutet, wenn über „die Politik“ gesprochen wird. Was ist Repräsentation und was soll sie gewährleisten? Und, im Hinblick auf das politische System der Bundesrepublik, welche Rolle spielen dabei Parteien?

Tendenzen der Entpolitisierung, zunehmender Vertrauensverlust in das politische System, sinkende Wahlbeteiligung und steigende elektorale Volatilität (also wechselnde Präferenzen bei der Stimmabgabe) sind starke Anzeichen dafür, dass es zeitgemäß ist, sich über ein neues Politikverständnis Gedanken zu machen. Denn diese Indikatoren zeigen deutlich, dass Gesellschaften sich zunehmend ausdifferenzieren, Identitäten pluraler und vielfältiger werden und sich so Repräsentationsansprüche wandeln.

Was ist eigentlich Repräsentation?

Stilbildend für die Definition von moderner politischer Repräsentation war Hannah Pitkin: „We can simply say that in representation something not literally present is considered as present in a nonliteral sense".[35] Bei Repräsentation geht es also um die Vergegenwärtigung von etwas, das nicht gegenwärtig ist. Repräsentation und Demokratie werden seit den Autoren der Federalist Papers, also seit der Zeit der Entstehung der US-amerikanischen Verfassung, miteinander in Verbindung gebracht. Die Idee ist, dass direkte Formen von Demokratie nur in kleinen Staaten möglich sind. Soll es aber gelingen, auch in großen Staaten demokratische Strukturen aufzubauen, sind Repräsentant*innen ein notwendiger Modus der Vereinfachung. Zwar soll also weiterhin die Mitbestimmung aller Betroffenen eines Gemeinwesens gesichert sein, andererseits ist es aber ebenso wichtig, effizientes Regierungshandeln zu ermöglichen. Repräsentation dient also als Ersatz für direkte Demokratie, weil das Parlament als Abbild des gesamten Gemeinwesens gesehen wird.[36] Die Stimmen aller Mitglieder des Gemeinwesens werden an einzelne Repräsentant*innen delegiert, die dann wiederum in Stellvertretung aller entscheiden dürfen. Für eine solche Konzeption von Repräsentation sind weitere Vorstellungen notwendig: die Annahme, dass es sich um einen territorial begrenzten Flächenstaat mit einem bestimmbaren Wahlvolk und entsprechenden Interessen handelt. Das bedeutet, dass mittels Staatsbürgerschaft klar geregelt ist, wer eigentlich dazu berufen ist, ihre Stimme zu delegieren. Zweitens dominiert die Vorstellung von Repräsentation als eine, die mittels Wahlen organisiert wird.[37] In der Bundesrepublik ist dies im Artikel 20 II des Grundgesetzes festgelegt. Drittens wird hier eine unidirektionale Beziehung zwischen Repräsentant*innen und Repräsentierten unterstellt. Es wird deutlich, was die wesentliche formalistische Funktion von Repräsentation ist: die Darstellung von Verantwortlichkeits- und Autorisierungsbeziehungen zwischen Repräsentant*innen und Repräsentierten.[38] Die Abgeordneten werden durch Wahl zu politischen Handlungen autorisiert und sind ihren Repräsentierten dafür im Gegenzug rechenschaftspflichtig. Wichtigster Sanktionsmechanismus ist hier Wiederwahl oder Abwahl. Natürlich gibt es aber auch andere Formen der Repräsentation, die insbesondere in der aktuellen Diskussion um die Krise von Demokratie besondere Relevanz erfahren. Es wird unterschieden zwischen Modellen deskriptiver sowie substantieller Repräsentation. Bei deskriptiver Repräsentation wird die quantitative Sozialstruktur mit Repräsentation gleichgesetzt und die möglichst genaue Abbildung der Gesellschaft in den repräsentativen Organen angestrebt.[39] Man spricht hier auch von spiegelbildlicher Repräsentation, weil das Modell der Vorstellung entspringt, es müsse eine ideale Deckung zwischen Repräsentant*innen und Repräsentierten geben. Eine solche Art der Repräsentation gewinnt in den zeitgenössischen Debatten um Abbildung von Frauen und marginalisierten Gruppen zunehmend an Relevanz und bestimmt auch die Debatte um bspw. Bürger*innenräte oder die Quotierung von Plätzen im Parlament und Vorständen von etwa DAX-Unternehmen.[40] Substantielle Repräsentation dagegen orientiert sich weniger an dem, was oder wen die oder der Abgeordnete darstellt und verkörpert, sondern eher an deren Handeln. Hier sind die Inhalte, die die Repräsentant*innen vertreten, das, wofür sie gewählt werden. Abgeordnete agieren stärker als eigenständige politische Subjekte. Allen Ansätzen von Repräsentation ist gemein, dass es sich notwendig um eine Verallgemeinerung handelt. Partikularitäten werden zugunsten politischer Handlungsfähigkeit ausgeblendet, ja müssen ausgeblendet werden, um Gesellschaft großflächig abbilden zu können. Im Verlauf des Buchs werden wir Möglichkeiten skizzieren, wie es gelingen kann, diese Abbildung möglichst vielfältig zu halten.

Welche Rolle spielen die politischen Parteien?

In der Bundesrepublik Deutschland wird die Auswahl der Repräsentant*innen über Wahlen organisiert (Art. 20 GG). Dabei sind Parteien die wesentlichen Trägerinnen von politischer Willensbildung und durch das Grundgesetz legitimiert (Art. 21 GG). Parteien kommt also die Rolle zu, geeignetes Personal auszubilden und auszuwählen, das ins Parlament gewählt werden kann. Gleichzeitig dienen sie als Organe der Willensbildung, das heißt, mit ihrer programmatischen Ausrichtung informieren sie Wähler*innen über politische Inhalte und Themen und die Möglichkeiten politischer Gestaltung derer. Je nach eigener ideologischer Ausrichtung adressieren sie dabei bestimmte Milieus und soziale Gruppen und leisten auch innerhalb ihrer Organe und Strukturen die entsprechende Bildungs- und Mobilisierungsarbeit. Insbesondere seit dem Ende des Zweiten Weltkriegs und der Entstehung von Massenparteien war Politik daher lange Zeit wesentlich durch die SPD und die CDU/CSU dominiert. Die beiden hatten sich als sog. Volksparteien etabliert. Wähler*innen konnten sich den entsprechenden Idealen zuordnen und wurden größtenteils treue Stammwähler*innen. Noch heute dominiert in der Debatte um den Niedergang der SPD das Bild des Industriearbeiters aus dem Ruhrgebiet als Beispiel für den klassischen SPD-Wähler. Inzwischen hat sich diese „feste Bindung der Parteien an klar umrissene soziale Gruppen und Milieus“ [41] aber gelockert. Dies zeigt sich in sinkender Wahlbeteiligung und elektoraler Volatilität.[42] Außerdem ist das Handeln politischer Akteur*innen „marktförmiger geworden. Sie sehen sich selbst weniger als sozial und kulturell verankerte Vertreter gesellschaftlicher Gruppen denn als Wettbewerber“ [43], die um Deutungshoheit ringen und dabei versuchen, die richtigen Images zu bedienen, um so Wahlchancen zu maximieren. In diesem Zusammenhang werden oft Individualisierung und sinkendes breitflächiges Engagement von Wähler*innen als zusätzliche Faktoren einer Veränderung benannt.[44] So attestiert Bernard Manin die Entstehung einer *Publikumsdemokratie*: Regierungsarbeit werde zunehmend komplexer und transnationaler, Macht sei zunehmend personalisiert, die Herrschaft liege bei Medienexpert*innen, die Wahl einer bestimmten politischen Partei erfolge eher wegen ihres Images nicht wegen ihres Programms.[45] Hinzu komme die bereits angesprochene steigende Wechselwahl, Loslösung von klassischer Parteienbindung und das Aufkommen nicht-institutionalisierter Formen von episodischer, themenspezifischer Beteiligung, wie bei *Fridays for Future*[46]. Andere Autoren wie Colin Crouch behaupten einen Zustand der Postdemokratie, in dem die demokratischen Institutionen formal alle noch funktionstüchtig sind, die Prozesse aber auch wesentlich nach Logiken von Wettbewerb und Marketing laufen und tatsächliche Entscheidungshoheit eher bei den supranationalen Organen der EU liegen würde.[47]

> „Konnte Repräsentation im Zeitalter der Parteiendemokratie noch (die Realität verkürzend) als Reflexion gesellschaftlicher Großgruppen und ihrer Interessen wahrgenommen werden, so ist nun offensichtlicher, dass in Repräsentationsbeziehungen auf beiden Seiten geurteilt, gehandelt und entschieden wird."[48]

Politische Parteien haben es im 21. Jahrhundert also denkbar schwer. Das Zeitalter der Massenparteien ist demnach spätestens mit dem Untergang der Bonner Republik vorbei und wird durch den Aufstieg der AfD dramatisch beflügelt, weil Prozesse der Wähler*innenwanderung zunehmen und inhaltliche Debatten zwischen Parteien neue und andere Formen annehmen. Damit verhärtet sich automatisch der Kampf um die eigene Position, um Deutungsmacht und schließlich um Wähler*innenstimmen. Der Konflikt um die besten Inhalte weicht inzwischen auch einem Konflikt um die Frage der Herrschaftsform selbst. Gestritten wird immer öfter also nicht nur um Interessen und Identitäten, auch die Art und Weise der Herrschaftsausübung ist Teil des politischen Diskurses. Die Profile der großen Parteien reichen nicht mehr aus, um eine ausdifferenzierte Gesellschaft angemessen zu adressieren, während kleinere Parteien wie Grüne, Linke und FDP zwar üblicherweise ein klar umrissenes Profil haben, aber dafür immer wieder mit der Infragestellung der eigenen Ideale konfrontiert sind, wenn eine mögliche Regierungsbeteiligung zur Debatte steht. Dies zeigt sich derzeit am eindrücklichsten bei Bündnis 90/ Die Grünen, die im Bereich der Klimapolitik einen Spagat zwischen programmatischen Idealen und Realpolitik zu finden suchen – die Debatte um den Autobahnbau und der damit einhergehenden Abholzung des Dannenröder Forsts unter Grüner Regierungsbeteiligung macht dies deutlich.

Zugleich zeigt die starke elektorale Volatilität, dass sich Menschen nicht mehr langfristig an eine Partei binden wollen, sodass es für diese schwierig ist und wird, ein Profil zu entwickeln, das über eine Legislaturperiode hinaus tragfähige Ergebnisse erzielt. Neben der steigenden Komplexität politischer Entscheidungsfindung durch Supranationalisierung und (Selbst-)Autorisierung nicht-gewählter Akteur*innen bereiten also auch zunehmende transnationale Verschränkungen Probleme: „The territorial dimension is less and less capable of organizing political representation in a way that meets criteria of functionality, effectiveness, and, in some cases, recognition.

In this respect, input equality is grossly undermined by output equality"[49]. Das Verhältnis zwischen Repräsentant*innen und Repräsentierten verschiebt sich also weiter zugunsten der Repräsentant*innen, umso mehr aber zu supranationalen Vertreter*innen sowie technokratischen und meist nicht legitimierten Expert*innen, wie zum Beispiel Angehörigen der Europäischen Zentralbank. Zusätzlich sind Bedingungen für politische Parteien insbesondere durch die gestärkte Rolle zivilgesellschaftlicher Akteur*innen erschwert worden. Interessen marginalisierter Gruppen oder unzureichend behandelte Themen werden zumeist nicht zuerst von Parteien und Abgeordneten, sondern durch soziale Bewegungen in die Öffentlichkeit transportiert. Prominente Beispiele liefern Bewegungen wie etwa *Fridays for Future* oder *Black Lives Matter*, die monothematische Interessenvertretung organisieren und damit sowohl Parlament als auch die breite Öffentlichkeit adressieren. Das allein stellt für Parteien jedoch kein Problem dar, viel eher spricht eine Pluralität an Akteur*innen und die vielfältige Nutzung des Demonstrationsrechts für eine starke Zivilgesellschaft und eine funktionierende Demokratie. Im Angesicht sinkender Mitgliederzahlen in Parteien und einer zunehmenden Ausdifferenzierung solcher zivilgesellschaftlicher Strukturen, stellt sich aber für Parteien und Abgeordnete die Frage, welche Rolle sie passenderweise nun als Repräsentant*innen einnehmen sollen. Je nach Oppositions- oder Regierungszugehörigkeit, ebenso wie der ideologischen Programmatik der Partei, ergibt sich eine steigende Notwendigkeit, sich zu Protesten zu positionieren, sie zu unterstützen und in die eigene politische Ausrichtung einzuordnen. So zeigt sich, dass das Verständnis, wer Repräsentant*in sein kann, sich stetig erweitert hat – um diejenigen, die nicht gewählt sind, sondern informell und mittels öffentlicher Aufmerksamkeit statt administrativer und legislativer Rechte politischen Einfluss beanspruchen.[50] Die Relevanz solcher nicht-staatlicher Akteur*innen fordert also wiederum die Abgeordneten heraus, ihre eigene Rolle klarer zu hinterfragen und sich zugleich zu den aufgeworfenen Themen zu positionieren. Denn: Solche Bewegungen bieten unabhängig von geographischen Parametern wie etwa Wahlkreisen für die Bevölkerung die Möglichkeit, sich rein nach den präferierten Interessenlagen abbilden zu lassen oder aktiv abzubilden. Mehr zivilgesellschaftliches Engagement bedingt also zusätzlich die abnehmende Relevanz von Massenparteien und sinkende Wahlbeteiligung: es lässt sich eine Zunahme von Ansprüchen, die an politische Verantwortungsträger*innen gestellt werden, beobachten.[51] Nie gab es mehr Möglichkeiten zur gesellschaftlichen Entfaltung als in den westlichen Staaten des 21. Jahrhunderts. Einhergehend damit bilden Volks- oder Massenparteien die Interessen der Einzelnen nicht oder nicht mehr gut genug ab. Verstärkt werden also einzelne, monothematische Ansprüche an Repräsentant*innen gestellt.[52]

Zwar ist die Anzahl an beteiligten Akteur*innen gestiegen, dennoch ist diese Veränderung durchaus exklusiv. Entgegen der Annahme, dass dies ein grundsätzliches Mehr an Beteiligung ausdrückt, sind die Aktiven weiterhin eine recht homogene Gruppe, denn Beteiligung bemisst sich stark am sozialen Kapital eines Menschen.[53] Es gilt also zu hinterfragen, ob das Mehr an Partizipation auch zu einem Mehr an Zugang und gleichberechtigter Partizipation führt. In diesem Zusammenhang wird von sozialer Selektivität von Prozessen der Teilhabe gesprochen – diese Rate der Nicht-Beteiligten liegt in der Bundesrepublik Deutschland bei ungefähr einem Drittel.[54] Gerade in Bezug auf soziale Ungleichheit lässt sich zeigen, dass Beteiligung am politischen Prozess nicht allein von Wissensstand und Sachkompetenz abhängt, sondern nach Bourdieu auch von Statuskompetenz und Klassenhabitus.[55] Hierin werde die Überzeugung darüber angelegt, ob man zum Mitreden überhaupt legitimiert sei. Dies ist besonders problematisch, weil so die Anliegen jener Gruppen mit geringem sozialem Kapital nicht in den politischen Prozess eingespeist werden, da Parteien und Parlamente ihr Personal überwiegend aus immer gleichen Strukturen rekrutieren. Prägnant werden diese Erkenntnisse in einer Studie für die Friedrich-Ebert-Stiftung aus dem Jahr 2013 zusammengefasst: „Die Untersuchungsergebnisse zeigen, dass es durchaus eine Gruppe von dauerhaften Nichtwähler/innen gibt, die erhebliche Politikdistanz und durchaus erkennbare Demokratiedistanz aufweisen“[56]. Und eben diese Gruppe der Nichtwählenden setzt sich überwiegend aus Menschen zusammen, die sich in prekären und unsicheren Situationen befinden.

> „Man kann zeigen, dass diejenigen, die den Bundestag – oder generell die Parlamente – als nicht responsiv wahrnehmen, eine höhere Wahrscheinlichkeit haben, nicht wählen zu gehen oder für Protestparteien zu stimmen. Man kann sagen, dass das rational ist, weil sie tatsächlich korrekt beobachten, dass die Entscheidungen der Parlamente ungleich sind und aus dieser Beobachtung die Schlussfolgerung ziehen, dass das Wählen sich vielleicht für sie nicht so richtig lohnt.“[57]

Und schließlich wird insbesondere durch den zunehmenden Einfluss von sozialen Medien und den unlimitierten Informationsmöglichkeiten durch das Internet auch die Haltung gegenüber den Repräsentant*innen eine andere. Abgeordnete berichten von mehr Anfeindungen und weniger Respekt, von lauteren Vorwürfen und klarer formulierten eigenen Ansprüchen.[58] Im schlimmsten Fall ist dieses Verhalten auch begründet, in etwa Anerkennungsverletzungen und Missachtungserfahrungen durch Eliten. Erhebungen zeigen, dass diese Erfahrungen mangelnder Resonanz teilweise in konfrontativ-aggressiver Weise verarbeitet werden.[59] Zusätzlich wird Politiker*innen unterstellt, überwiegend für ihre eigenen Interessen zu arbeiten.[60] Wilhelm Heitmeyers Erhebungen, der seit langem zu gruppenbezogener Menschenfeindlichkeit in der Bundesrepublik forscht, zeigen Korrelationen zwischen solchen Ohnmachtsgefühlen, Apathie, also Teilnahmslosigkeit, und Abstiegsängsten sowie dem Potential für Gewaltbereitschaft und Fremdenfeindlichkeit. Diese Faktoren sind für rechtspopulistische Bewegungen ideal mobilisierbar.[61]

> „Fast drei Viertel der Befragten waren der Auffassung, dass Politiker sich vor allem um ihre eigenen Interessen kümmern; und über 80 Prozent glaubten, dass sie (die Politiker) mehr Rechte für sich beanspruchen als normale Bürger. Dies sind enorme Misstrauensvoten. Die Werte zu empfundener Macht- und Einflusslosigkeit lagen zwar etwas niedriger, aber dennoch war Knaup die Hälfte der Befragten der Ansicht, politisches Engagement sei sinnlos, und ein noch größerer Anteil sah sich selbst als einflusslos.“[62]

Neue Beteiligung?

Politische Partizipation meint mehr als nur den Gang zur Wahlurne, das ist deutlich geworden. Bevor wir Konsequenzen aus den gesammelten Erkenntnissen ziehen, werfen wir zuvor noch einen Blick auf einen möglichen Wandel der Beteiligungskultur. Politische Partizipation wird dabei wie folgt verstanden:

> „Politische Partizipation dient (.) der *Einflussnahme* auf für die Mitglieder der politischen Gemeinschaft *verbindliche Personal- und Sachentscheidungen* auf allen Ebenen des politischen Systems. Sie wird von *Privatpersonen* vollzogen und findet ihren Ausdruck in *individuellen* oder *kollektiven Aktivitäten*. Neben der Einflussnahme auf politischen Entscheidungen umfasst politische Partizipation auch die direkte *Mitwirkung* an diesen *Entscheidungen*, vor allem durch Beteiligung an Wahlen oder Abstimmungen.“ [63]

Lauter Protest?

Es ist bereits ausgeführt worden, dass Nichtwähler*innen durchaus rationale Gründe, nämlich Distanz zur Politik und mangelnde Repräsentation ihrer Interessen, für die Nicht-Beteiligung angeben können. Dies heißt aber bei weitem nicht, dass sie per se unpolitisch bleiben. Neue Beteiligungsakteur*innen wie *Fridays for Future* und *Black Lives Matter* sind bereits erwähnt worden. Es handelt sich um Akteur*innen, die im Namen eines Interesses oder einer Identität für ihre Sache kämpfen – im Namen von Anliegen, die im Wohle aller Menschen stehen. Ebenso berühmt sind aber in den vergangenen Jahren die Pegida-Proteste geworden. Nicht nur führte dies zu Debatten um die weiterhin existierenden Unterschiede zwischen Ost und West, zugleich befeuerte es die Kontroversen um angemessene

Formen der Beteiligung für eben jene Menschen, die sich bereits vom demokratischen Diskurs abgewendet haben. Und genau hier zeigt sich eine ostdeutsche Besonderheit: „Gerade in Ostdeutschland, wo Art und Ausmaß politischer Partizipation die westdeutschen Vergleichswerte immer noch deutlich unterschreiten,[64] wirken sich spontane Beteiligungsschübe auf die politische Landschaft vergleichsweise stark aus"[65]. Eine solche sprunghafte aktive politische Beteiligung verdeutlicht also, dass es sich bei Nichtwahl nicht nur um politische Apathie, sondern eben auch um eine Infragestellung des politischen Systems handeln kann. Geht es also bei der Beteiligung nicht mehr um Autorisierung und Verantwortlichkeit, wie oben ausgeführt, sondern um Protest? Es scheint, als ginge es inzwischen für viele auch darum, „durch die Stimmabgabe Distanz zur Politik, Unzufriedenheit und prinzipielle Systemkritik auszudrücken"[66]. Bedenkt man die niedrige Wahlbeteiligung, die insbesondere Kommunalwahlen begleitet, kann diese Kombination aus politischer Apathie und Desinteresse gefährlich werden, wenn sich kein Modus findet, in dem Protest ausgehandelt werden kann.

Dies bedeutet nicht, hinter demokratischen Positionen zurückzuweichen oder gar „mit Rechten zu reden", es bedeutet aber solche Bewegungen ernstzunehmen, den Modus aktueller Politikgestaltung und -ausführung sowie die Debatte um deren Inhalte als hinterfragbar und wandelbar anzunehmen. Dass dies insbesondere auf der kommunalen Ebene anfangen muss, ist notwendig, weil „lokalen Lebensumfeldern nach wie vor eine Schlüsselstellung"[67] für politische Teilhabe zukommt. Probleme und Herausforderungen werden insbesondere auf der lokalen Ebene erfahren und erlebt, auch wenn sie überregional erzeugt worden sind. Eben weil Umwelt-Effekte, die vor allem durch sozioökonomische, soziodemografische und soziokulturelle Indikatoren bedingt sind, eine Wirkung auf politische Beteiligung haben, ist es notwendig, lokale Räume der Selbstwirksamkeit zu schaffen und zu ermöglichen. Weil dabei die Wahrnehmung des Umfelds und der möglichen Chancen eine wesentliche Rolle spielt, haben Politiker*innen und Beteiligungsakteur*innen auch die schwere Aufgabe, überhaupt Möglichkeiten und deren Grenzen angemessen darzustellen.

Während diese Erkenntnisse zu neuen Formen des Protests häufig einfach nur als ostdeutsches Problem dargestellt werden, lassen sich durchaus mehr Ähnlichkeiten in den Teilhabemöglichkeiten der beiden Landesteile nachweisen. Weniger Beteiligung an Wahlen und eine geringere Dichte von Parteien und Verbänden sind die einzigen Merkmale, die den Osten in dieser Hinsicht vom Westen unterscheiden. Umso mehr ist es eine zentrale Erkenntnis, dass die Bundesrepublik die Infragestellung des bestehenden politischen Systems nicht einfach in den Osten abschieben kann. „Der Umgang mit dem Problem von Apathie und Ungleichheit, die Schwächung der repräsentativ-demokratischen Beteiligungsformen und der Beitrag partizipativer Innovation zum Abbau von Politikverdrossenheit“[68] sind Herausforderungen, denen sich die gesamte Politik stellen muss.

Stille Inaktivität?

Beteiligung ist aber nicht nur lauter Protest. Beteiligung ist nicht nur der Gang zur Urne, Beteiligung ist nicht nur, jeden Freitag für gerechte Klimapolitik zu kämpfen. Beteiligung ist eben auch, dass sich viele Menschen nicht beteiligen, sich nicht beteiligen können. Welche Auswirkungen Nichtwahl haben kann, ist bereits angedeutet worden. Hier nun wird übergeleitet zu Strategien und Gefahren einer andauernden Nicht-Beteiligung. Denn: Vermeintliche Stille sollte nicht automatisch als Zustimmung gewertet werden. Nicht nur die Forschung, auch unsere praktischen Erfahrungen zeigen, dass Stille eben auch Ablehnung, Unsicherheit oder schlicht Nicht-Wissen bedeuten kann. Demokratische Politik muss also auch eine solche sein, die zuhört, die die Ohren öffnet und die Stille laut zu machen weiß. Das vorherrschende Bild ist, dass Beteiligung vor allem im vorpolitischen Raum stattfindet. Kann man aber nicht Formen des stillen Protests, wie die Nicht-Wahl, ebenso als Beteiligung deuten? Diesem Verständnis folgend, bedeutet Beteiligung nicht nur sich aktiv zu beteiligen, sondern viel eher seine Beteiligung auch durch negierende und schweigende Praktiken auszudrücken.

Politisch Inaktive sind solche, die „größtenteils zu den ressourcenschwachen und sozial schlecht integrierten Bevölkerungsgruppen“[69] gehören, solche, die Andreas Reckwitz in seinem Modell der Drei-Klassen-Gesellschaft als Unterklasse bezeichnet. Eben weil sie sich nicht beteiligen, ist die Abbildung ihrer Interessen nach der Logik von Wahl und Wiederwahl nicht von Interesse. So kommt es, dass Politiker*innen diese Gruppen selten nach ihren Präferenzen fragen. So aber wiederum kann sich an deren Situation nichts ändern bzw. wird sie sich nur verstärken, weil niemand ihre Interessenvertretung übernimmt. Nun ist genau für diese Situation in den vergangenen Jahren viel über demokratische Innovationen debattiert worden. „Die Menschen da abholen, wo sie sind“ – mit mäßigem Erfolg. Weil partizipative Angebote auf Freiwilligkeit basieren, tritt eine Überwindung der Inaktivität kaum automatisch ein. Viel eher ist es so, dass politisch Aktive solche Formate nutzen, um die eigenen Aktivitäten auszuweiten. „Erweiterte Beteiligungsmöglichkeiten geben den Aktivisten zusätzlichen politischen Einfluss und verschärfen eher politische Ungleichheit, als sie abzuschwächen oder gar zu beseitigen".[70] Neue Beteiligungsinstrumente allein sagen also noch gar nichts über eine Demokratisierung oder deren Abhilfe zum Abbau von Politikverdrossenheit aus. Viel eher legen die bisherigen Erkenntnisse nahe, dass neue Teilhabeformen barrierearm und mit Anreizen für die entsprechenden Zielgruppen ausgestattet sein sollten. Zugleich ist persönliche Betroffenheit ein Faktor, der die Wahrscheinlichkeit erhöht, sich zu beteiligen. „Kleinteilige, sachlich klar eingegrenzte und konkrete Probleme erweisen sich für eine Mobilisierung politikferner Gruppen als besonders aussichtsreich, nicht zuletzt deshalb, weil sie durch eigenes Handeln erzielte Erfolge erkennbar machen".[71] Bei der Zielsetzung neuer Beteiligungsinstrumente, sowie von Reformen etablierter Instrumente sollte also der Fokus auf *empowerment* liegen, insbesondere solcher Gruppen, deren Anliegen sonst häufig ungehört bleiben.

Win-win statt the winner takes it all... Politik anders denken

In der Wirtschaft dominierte lange das Bild des *homo oeconomicus* – des rationalen, nutzenmaximierenden Menschen, der vor allem seine eigenen Interessen in den Vordergrund stellt. Auch in die Politikwissenschaft hat dieses Modell mit Anthony Downs' rational *choice theory* seit Mitte des 20. Jahrhunderts Einzug gehalten. Neben Politiker*innen seien insbesondere Wähler*innen in ihrem Verhalten vom Axiom des Eigennutzes geprägt, das heißt, es wird die Wahlentscheidung getroffen, die den größten eigenen Nutzen verspricht.

Nun lässt sich diese Annahme mit vielfältigen Theorien, aber auch empirischen Erhebungen zumindest in Teilen widerlegen. Es ist mitnichten die Aufgabe der Theorie, ultimative Wahrheiten über menschliches Verhalten herauszufinden, insbesondere nicht in einer Disziplin wie den Gesellschaftswissenschaften. Umso mehr zeigt uns diese Vielfalt verschiedener Erklärungsansätze, inwieweit der Blick und die Annahmen über Politik und das Verhalten von Wähler*innen variieren können. Nehmen wir nun also für einen Augenblick die Perspektive einer Politiker*in ein. Steigende Ansprüche, neue Lebensstile und veränderte Bedürfnisartikulation können hier sehr leicht zu einem Gefühl der Frustration und Überforderung beitragen. In vielen Hintergrundgesprächen mit Politiker*innen aller Parteizugehörigkeiten fallen immer wieder Aussagen wie „Die Bürger sind doch eh dumm“, „Man kann es ihnen ja kaum recht machen“ usw. Eben weil im politischen Alltagsgeschäft – zwischen Ausschuss, Fraktionssitzung, Interview mit den Hauptstadtmedien, Rede im Bundestag und zweiwöchentlichem Pendeln in den Wahlkreis – kaum Zeit bleibt für ein echtes Gespräch mit Bürger*innen. Bei der Eröffnung des Stadtfestes im Wahlkreis trifft man dann auch nur die eh Engagierten, bei denen man die üblichen Floskeln bedient. Was fehlt, ist die Zeit für echten Austausch und Gespräche. Was entsteht, ist der Eindruck, dass Wähler*innen zwar viele Ansprüche, aber wenig Verständnis von politischen Entscheidungsprozessen haben – „So ist er halt, der Bürger“. So verhärtet sich nach einiger Zeit, noch dazu in der Blase des politischen Berlins, vielleicht der Eindruck, dass Durchregieren einfacher sei als die konstante Auseinandersetzung mit den unterschiedlichen Interessen der Wähler*innen, die tatsächliche Aushandlung dieser widerstreitenden Positionen. Zugleich werden die üblichen Meinungsumfragen, ebenso wie die nächsten Wahlergebnisse und eine sicher anstehende Demo gegen Corona-Schutzmaßnahmen oder eine neu gebaute Geflüchteten-Unterkunft wiederum die Kritik der Hauptstadtpresse auf das eigene Tun und Handeln lenken. Diese permanente Öffentlichkeit erhöht wiederum den Druck auf das eigene Handeln und kann so den Weg verstellen, sich Zeit für die unterschiedlichen Bedürfnisse der Wähler*innen zu nehmen. Kurzum – als Politiker*in, so scheint es, kann man es niemandem recht machen.

Stellen wir uns nun vor, wir berücksichtigen all die gewonnenen Erkenntnisse. Ja, Repräsentation ist formal weiterhin die Autorisierung und Verantwortlichkeit von Mandatsträger*innen. Gleichwohl geht es in einer ausdifferenzierten Gesellschaft wie der unsrigen nicht mehr nur noch um die Abbildung von Interessen, sondern auch um den Konflikt verschiedener Identitäten und den Kampf um die Deutungshoheit und Art der Herrschaftsgestaltung von Demokratie selbst. Monothematische Beteiligungsakteur*innen, polarisierte Protestformen, globalisierte Entscheidungsstrukturen, ausdifferenzierte Gesellschaftsformen und zunehmende Wahl- und Beteiligungsabstinenz sind dabei Probleme, die in ihrer Gleichzeitigkeit angemessen behandelt werden wollen. Mehr denn je gilt es nun also, den Blick zu schärfen: für das große Ganze und das kleine, lokale Besondere. Es gilt, mit Blick auf die Wiederwahl und die Listen-Aufstellung im eigenen Wahlkreis auch diejenigen im Blick zu haben, die zur eigenen Wiederwahl vielleicht nichts beitragen werden. Es gilt, die eigene Rolle kritisch zu hinterfragen, jeweils eigene verschiedene Identitäten und Interessen immer wieder im

Gespräch zu re-artikulieren. Auf beiden Seiten also, bei Repräsentant*innen ebenso wie Repräsentierten gilt es, Fehler anzuerkennen und zugeben zu können. Es gilt also, sich auf das Gespräch und den Austausch mit Bürger*innen einzulassen, statt durchregieren zu wollen. Andere Meinungen als Gewinn für die eigene Position wahrzunehmen denn als Bedrohung. Verändernde Bedürfnisse als Ausdruck einer kontingenten Welt, denn als Irrationalität von Bürger*innen anzuerkennen. Und multiple Gründe für politische Entscheidungen, über die Logik eines *homo oeconomicus* hinaus, als valide Gründe für politische Entscheidungsfindung anzuerkennen. Kurzum: Lauter Protest und stille Inaktivität brauchen eine Antwort.

Es ist also Zeit für eine neue, veränderte Politik der Gegenseitigkeit. Die Lösung, die wir im Folgenden darstellen, hat dabei keinen Anspruch auf Vollständigkeit – die es auch gar nicht geben kann. Ebenso wie Gesellschaft sich permanent verändert, müssen auch politische Strukturen stets wandelbar bleiben. Was es derzeit zugleich braucht, sind Reformen innerhalb von Parteien, im Selbstverständnis von Regierung und Parlament und eine Hinterfragung der demokratischen Legitimität von global und supranational getroffenen Entscheidungen. Die Lösung, die wir anbieten, kann helfen, die Akzeptanz und damit die Legitimität politischer Entscheidungsfindung zu stabilisieren und ist eine Reaktion auf die veränderten Bedingungen einer Gesellschaft des 21. Jahrhunderts und – wie alle politischen Lösungen – damit eine vorläufige.

„Als ich den Brief bekam habe ich zuerst gar nicht reagiert, weil ich das nicht ernst genommen habe. Ich glaube, dass man manche Menschen eher im persönlichen Gespräch überzeugen kann als über ein Schreiben." – *Cemal D.*

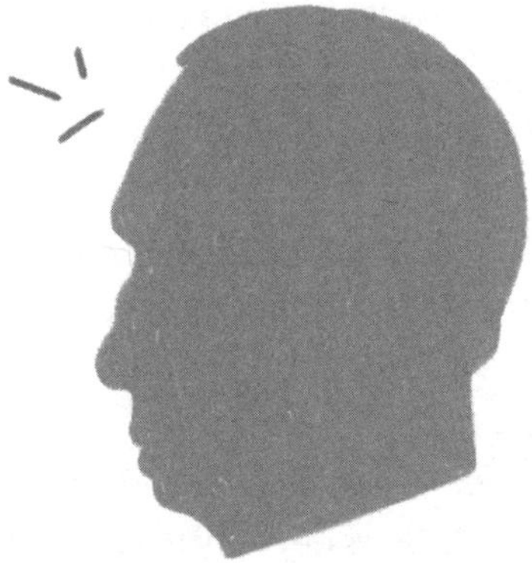

Kapitel III

Warum wir losen, warum wir klingeln

Losverfahren von der Antike bis zu Deutschlands ersten Bürgerräten

Losen wird häufig als das „urdemokratische" Instrument der Demokratie beschrieben. Denn es wird bereits seit der Antike verwendet, um politisches Personal zu rekrutieren. Im alten Athen wurde es sowohl für den 'Rat der Fünfhundert' als auch die Geschworenengerichte genutzt.[72] Auch in der römischen Republik wurde das Los teilweise eingesetzt, dann verschwand es bis zum 15. Jahrhundert aus der Öffentlichkeit. Es diente dann vor allem in den italienischen Stadtstaaten Venedig und Florenz dazu, die umkämpften Positionen von Dogen, also den dortigen Staatsoberhäuptern, und Magistraten vor der Einflussnahme wichtiger Familien zu schützen. Verwendung fand das Los auch außerhalb von Europa, leider sind aber nur wenige dieser Verfahren überliefert.[73]

Heutzutage kennt man das Losen vor allem aus Geschworenengerichten. Die Bereitstellung von Schöffen erfolgt klassischerweise über das Zufallsprinzip. Zugleich lässt sich aber seit den 1970er Jahren von einer wahren Welle der Beteiligung sprechen. Planungszellen, Bürgerhaushalte und *opinion polls* sind Instrumente, die insbesondere auf der lokalen Ebene mehr Einbindung erfahren.[74] Prominenz haben solche Methoden erfahren, weil im Zuge der grundsätzlichen Politisierung der bundesrepublikanischen Gesellschaft auch der Ruf nach mehr Mitbestimmung laut wurde. Emanzipation der Frau, die Studierendenproteste der 68er und die langsam entstehende Umweltbewegung hatten also zur Folge, dass auch die Verfahren des politischen Systems einer kritischen Prüfung der Teilhabemöglichkeiten unterzogen worden sind (siehe Kapitel II).

Wie Hubertus Buchstein ganz richtig beobachtet, lag in den 1970er Jahren der Fokus vor allem auf der kommunalen Ebene. Der Anspruch war (und ist), die politischen Entscheidungsträger*innen stärker an ihre Verpflichtungen zu koppeln, breiter gefächerte politische Rekrutierung zu erreichen und die Legitimität von Entscheidungen zu erhöhen. Durch den Fokus auf die Inputseite des politischen Systems und damit mit Fokus auf integrative Funktionen von Beteiligung soll einer Politikverdrossenheit vorgebeugt werden. Inzwischen haben sich diese Ansätze aber über die kommunale Ebene hinweg ausgedehnt.

Ein Blick über die Grenzen kann das erklären: Wird in den USA bereits seit längerer Zeit mit bundesstaatlichen und nationalen sog. *deliberative opinion polls* gearbeitet, haben jüngst die Beispiele nationaler geloster Gremien aus Irland und Belgien, aber auch Frankreich Schlagzeilen gemacht. Im Jahr 2019 hat dann der Verein *Mehr Demokratie e. V.* unter Beteiligung von *IFOK* und *nexus* den ersten bundesweiten deutschen Bürger*innenrat durchgeführt. 160 geloste Teilnehmende haben an zwei Wochenenden über die Weiterentwicklung von repräsentativer Demokratie in Deutschland diskutiert.[75] Im Anschluss wurde zu Beginn des Jahres 2021 auf Empfehlung des Ältestenrates des Deutschen Bundestags ein weiterer nationaler Bürger*innenrat zum Thema „Deutschlands Rolle in der Welt“ durchgeführt. Dies diente neben den inhaltlichen Ergebnissen[76] dem Bundestag wesentlich dazu, das Verfahren besser kennenzulernen und zu prüfen, welche Rolle ein solches Instrument im parlamentarischen Gesetzgebungsprozess langfristig haben könnte. Der Bürgerrat stieß sowohl in Presse als auch Politik auf breites Interesse und mit einer Fortsetzung solcher Verfahren in der neuen Legislaturperiode ist zu rechnen. Neben *Mehr Demokratie e. V.* zählte auch *Es geht LOS* zu den Initiatoren des Bürgerrats „Deutschlands Rolle in der Welt".

Bei den gängigen Verfahren wie etwa Planungszellen oder den nationalen Bürger*innenräten zum Thema Demokratie oder Deutschlands Rolle in der Welt werden zweistufige Verfahren angewandt. Die Kriterien der Zufallsauswahl sind hier zum Beispiel Alter, Geschlecht, Gemeindegröße, Migrationshintergrund und formaler Bildungsabschluss. Die Auswahl erfolgt in einem zweistufigen Verfahren, die Ausgelosten können zunächst ihr (Nicht-)Interesse an die Veranstalter zurückmelden. Die Interessierten werden dann nach den genannten Kriterien gelost. Ein solches Verfahren erscheint zunächst plausibel, birgt aber auch einige Schwächen. In der Evaluation des *Bürgerrats Demokratie* ist dabei insbesondere aufgefallen, dass vor allem Menschen mit formal niedrigem Bildungsabschluss auch bei einem solchen Verfahren unterrepräsentiert bleiben. Zugleich lag die Quote der Rückmeldungen bei unter 10 Prozent, mehr als 90 Prozent der verschickten Briefe blieben also unbeantwortet.

Die Debatte jetzt: Manche fehlen weiterhin

Zumindest in Deutschland ist der durch den Bundestag beschlossene Bürger*innenrat zu *Deutschlands Rolle in der Welt* ein vorläufiger Höhepunkt der vielen Formate, Verfahren und Prozesse, in denen die Zufallsauswahl eine Rolle spielt. Vorläufer für diesen Prozess war der eben erwähnte *Bürgerrat Demokratie* aus dem Jahr 2019. Wir wollen im kommenden Abschnitt auf die Evaluation dieser beiden Verfahren gucken: Wo steht die Debatte derzeit, wenn es um Losverfahren geht? Was sind die größten Kritikpunkte, wo braucht es eventuell neue Impulse?

Ein Blick auf die Evaluationen beider bundesweiter Bürgerräte verrät: Die Bürgerräte haben ihre Ziele weitestgehend erreicht. Sie haben gezeigt, dass ein Prozess fair gestaltet werden kann, ebenso wie komplexe Inhalte nach entsprechender Aufbereitung durch „Laien" sinnvoll diskutiert werden können und sich die Teilnehmenden eben bei Anwendung guter Methoden auch auf einander einlassen und zu gemeinsamen Ergebnissen kommen. Dies ist ein Verdienst der professionellen Prozessgestaltung und Durchführung.[77]

Tatsächlich bleiben zwei wesentliche Baustellen. 1. die politische Anbindung und Verbindlichkeit und 2. die Zusammensetzung der Teilnehmenden in Bezug auf bestimmte soziodemografische Merkmale und Einstellungsfragen. Genau hier liegt der Schwerpunkt dieses Buches.

Zunächst gab es in beiden Bürgerräten erhebliche Verzerrungen zugunsten von Menschen mit hohem formalen Bildungsabschluss und akademischem Background.[78] Es beteiligen sich also vor allem solche Menschen an deliberativen Prozessen, die mit hohem Wissen und meist auch kulturellem und ökonomischem Kapital ausgestattet sind (siehe Kapitel II). Der Anspruch, die Bandbreite der deutschen Bevölkerung abzubilden, wird damit nicht gewährleistet. So sind beispielsweise von den Evaluator*innen des *Bürgerrats Demokratie* folgende Standards für inklusive Beteiligung festgelegt worden:

Wichtige Indikatoren für inklusive Partizipation sind die soziodemographische und geographische Repräsentativität der Teilnehmer*innen, weitgehende physische, intellektuelle und sprachliche Barrierefreiheit sowie gegebenenfalls die gezielte Einbeziehung von sozial Benachteiligten und Minderheiten. Auch eine einstellungsbezogene Repräsentativität ist sinnvoll, um alle Präferenzen einer Bevölkerung adäquat abzubilden.

Gelungen ist diese Inklusivität in Bezug auf Alter, Geschlecht und Migrationshintergrund. Während aber in der Gesamtbevölkerung der Anteil an Menschen mit Fach- oder Hochschulreife bei 32,5 Prozent liegt, lag er beim *Bürgerrat Demokratie* bei 62 Prozent, und im Bürgerrat Deutschlands Rolle in der Welt noch weit über 50 Prozent. Umgekehrt lag der Anteil von Menschen mit Hauptschulabschluss hier bei 10,06 Prozent, während er in Deutschland bei 28,6 Prozent liegt.[79]

Evaluiert wurde außerdem der Grad des politischen Interesses, bei dem es wiederum in beiden Fällen leichte bis mittlere Abweichungen zur Gesamtbevölkerung gab, es kann also ein leicht gesteigertes politisches Interesse unterstellt werden. Auch in der einstellungsbezogenen Repräsentativität ergaben sich Verzerrungen hinsichtlich der Befürworter*innen von Demokratie und Beteiligung im Allgemeinen. So ist zu unterstellen, dass sich vor allem solche Menschen auf einen Einladungsbrief zurückmelden, die ein genuines politisches Interesse haben und zugleich überzeugt davon sind, dass ihre Beteiligung am politischen Prozess Wirksamkeit entfalten kann. Dies ist ein Problem, mit dem sich natürlich auch klassische Verfahren wie Wahlen konfrontiert sehen. Die Zahl an Nichtwähler*innen lässt vermuten, dass die eigene Beteiligung als nicht wertvoll oder veränderungsrelevant eingeschätzt wird.

> „Die Organisator*innen haben ein sachliches und neutrales Schreiben zur Einladung verfasst und dessen Legitimität durch offizielle Begleitschreiben untermauert. Damit folgen sie einem Standard der Beteiligungspraxis. Die Stoßrichtung des Einladungsschreibens war allerdings die Gestaltung von Bürgerbeteiligung. Menschen, die eine Abneigung gegenüber Bürgerbeteiligung haben, dürften sich dadurch weniger angesprochen fühlen. Ob die Art und Weise des Einladungsschreibens tatsächlich einen Effekt hatte, kann nicht belegt werden, weil keine Nachbefragung derjenigen Personen durchgeführt wurde, die der Einladung nicht gefolgt sind.“ [80]

Wir werden in einem späteren Praxisbeispiel, den Wahlkreisräten in Steglitz Zehlendorf, noch einmal auf diese Daten zurückgreifen, wenn wir dort den direkten Vergleich eines zweistufigen Verfahrens (wie in den beiden hier behandelten Bürgerräten) mit denen eines aufsuchenden Verfahrens vergleichen. Für jetzt ist festzuhalten: Die Daten aus den nationalen Bürgerräten zeigen eines: Es fehlen noch so einige, wenn der Anspruch an inklusive Beteiligungsprozesse die Abbildung von Diversität und Vielfalt ist. Zu zeigen, wie man diesem Anspruch gerechter werden kann, ist Ziel dieses Buchs.

Die Grenzen klassischer Losverfahren: Repräsentanz und Vielfalt

Die Grenzen bisher etablierter Verfahren sehen wir in den folgenden zwei Punkten:

1. Das Problem der Repräsentation: In klassischen zweistufigen Losverfahren kann Repräsentanz immer nur in Bezug auf zuvor definierte Merkmale angestrebt werden. Eine Repräsentanz in Bezug auf die Einstellung gegenüber Politik im Allgemeinen und politischer Beteiligung ist nicht möglich. Es fehlen die, die sich auch generell nicht einbringen wollen oder können.

2. Das Problem der Vielfalt: Weil die Verfahren, für die gelost wird aber einen beratenden Charakter haben, reicht es nicht aus, nur die dazu zu holen, die sich einbringen wollen. Wir brauchen für eine Vielfalt auch die, die dies nicht können oder wollen.

Beiden Aspekten ist gemein, dass die bisher vorgeschlagene Lösung, nämlich viele Personen anzuschreiben, um dann eine größere Auswahl zu haben, das Problem nicht beseitigt. Denn es bleibt ein strukturelles Problem, dass die, die sich nicht zurückmelden, nicht vertreten sind.

Das Problem der Repräsentativität:

Wie eingangs beschrieben, gibt es eine Idealvorstellung von Repräsentation als spiegelbildlicher Repräsentation – Ziel eines jeden politischen Verfahrens müsste es also beispielsweise sein, eine Art Mini-Deutschland oder Mini-Frankfurt darstellen zu können, sollte eine direkte Beteiligung aller betroffenen Menschen nicht möglich sein.

Es ist wichtig zu verstehen, dass es keine Repräsentativität *an sich* gibt. Eine Stichprobe an Menschen kann nie vollständig repräsentativ für eine Grundgesamtheit sein. 100 Menschen, egal wie sie ausgewählt werden, sind niemals repräsentativ für die Einwohner*innen Frankfurts. Erstens ist Repräsentativität nur als ein Grad der Annäherung möglich, nie absolut. Zweitens kann Repräsentativität immer nur in Bezug auf bestimmte Merkmale angestrebt werden. Man kann beispielsweise dafür sorgen, dass bei einem zehnprozentigen Anteil von 30–45-Jährigen in der Gesamtbevölkerung, dann auch 10 Personen in diesem Alter in einer Veranstaltung (Veranstaltungsgröße von 100 Personen) vertreten sind. Diese zehn Personen spiegeln aber keinesfalls die Vielfalt wider, die innerhalb dieser Altersgruppe aufgrund weiterer Merkmale besteht. Ein anschauliches Beispiel ist hier wiederum der *Bürgerrat Demokratie*. Hier herrschte in Bezug auf das Alter eine annähernde Repräsentativität. Diese bezog sich aber eben auf das Alter und innerhalb des Alters auf bestimmte Alterskategorien. Je mehr Kategorien hier gebildet werden, desto komplexer ist die Annäherung. Oder anders formuliert: Werden zwei Alterskohorten gebildet, dann ist es relativ einfach, eine annähernde Repräsentativität herzustellen. Bilde ich 10 Alterskohorten, ist das wesentlich schwieriger. Eine wichtige Frage ist also, welche Kohorten sinnvoll sind und wie kleinteilig solche Kohorten sein sollen. Hier gilt es dann zunächst zu fragen, was eigentlich repräsentiert werden soll. Wenn maximale Repräsentativität in Bezug auf das Alter erreicht werden soll, muss eine Abbildung angestrebt werden, die so genau wie möglich ist, also zum Beispiel sogar Tag-genau. Stellen wir uns vor, unsere Grundgesamtheit sind alle Menschen ab 16 Jahren in Frankfurt. Diese soll durch 100 Menschen repräsentiert werden. Dann muss die Grundgesamtheit in 100 von der Personenanzahl gleich große Altersgruppen eingeteilt werden. Dabei könnte dann beispielsweise eine Gruppe entstehen, die zwischen 16 Jahren und 17 Jahren drei Monaten und vier Tagen alt ist. Und dann müsste eine Person gesucht werden, deren Alter in dieser kleinen Spanne liegt. So würde man bei 100 Teilnehmenden die maximal mögliche Repräsentanz in Bezug auf das Merkmal Alter herstellen können. Es bliebe trotzdem eine Annäherung.

Tatsächlich führt das keine Institution, die mit Zufallsauswahl arbeitet, so durch, da neben dem Alter noch weitere Merkmale betrachtet werden. Stattdessen werden viele größere Alterskohorten gebildet. Etabliert haben sich z. B. in Planungszellen oder im *Bürgerrat Demokratie* die vier folgenden Alterskohorten: 16–29, 30–44, 45–64, und 65 und älter. Hier nun eine annähernde Repräsentanz in Bezug auf das Merkmal Alter mit diesen vier Kohorten herzustellen, ist möglich. Das aber ist nur eine sehr grobe Abbildung von Repräsentanz und zugleich nur eine Art der Kategorisierung. Gibt es eine alternative Herangehensweise?

Ja. Wenn das Ziel eine Vielfalt an Meinungen und Lebensrealitäten ist, dann gilt es, andere Kohorten zu bilden. Die Frage ist dann: Welche Alterskohorten spiegeln am besten unterschiedliche Lebensphasen wider? Hier kann man nun trefflich darüber streiten was eine Lebensphase ist, wie lange sie geht und wie geschlossen sie ist. Aber es geht ja um Annäherung. Und für diese Annäherung kann man sich zum Beispiel an den sogenannten infrastrukturrelevanten Alterskohorten aus dem *Zensus* orientieren. Dies sind wesentlich mehr Alterskohorten als die vier oben genannten, das heißt hier werden Lebensphasen enger gefasst. Zum Beispiel werden 16 bis 19 Jahre als eine Alterskohorte definiert, statt der oben angegebenen 16–29 Jahren. Und jetzt steht man vor einer konkreten Entscheidung: Angenommen, in einer Stadt mit sehr wenigen jungen Menschen werden für einen Workshop 50 Menschen ausgelost. Wird nun mit sehr breit angelegten Kohorten gearbeitet, ist es sehr gut möglich, dass niemand zwischen 16 und 19 Jahren gelost wird. Der Repräsentanz von Alter schadet es nicht unbedingt, weil es tatsächlich wenige Menschen in diesem Alter gibt. Der Vielfalt schadet es umso mehr. Wollen wir aus jeder infrastrukturrelevanten Gruppe Menschen auslosen, dann sind unter Umständen prozentual mehr Menschen aus diesen kleinen Gruppen vertreten als aus den großen. So ergibt sich eine überproportionale Repräsentativität von statistisch sehr kleinen Gruppen. Das ist aber (je nach Ziel) besser als eine Repräsentativität, die zwar einem bestimmten Merkmal gerecht(er) wird, gleichzeitig aber einen Mangel an Vielfalt erleidet.

Wie verhält es sich nun mit anderen Merkmalen? Welche Änderungen ergeben sich, zielt man auch in anderen Kategorien auf Vielfalt statt prozentuale Repräsentanz? Welche Merkmale werden denn überhaupt bei Zufallsauswahlen zugrundegelegt?

Zunächst gilt es dabei zu betrachten, welche Daten in Deutschland rechtlich für eine Zufallsauswahl verfügbar sind. Im Melderegister sind in Deutschland neben dem Alter noch die Adresse, ggf. frühere Adressen, das Geschlecht, ggf. Religionszugehörigkeit, Familienstand, Staatsbürgerschaft sowie Eintragungen zum Wahlrecht, falls dieses aberkannt wurde oder auch zu Auskunftssperren, enthalten. Tatsächlich werden von diesen Merkmalen in den üblichen Zufallsauswahlen nur einige herangezogen, diese sind meist: Alter, Geschlecht, Adresse und Staatsbürgerschaft. Denn bevor man beispielsweise die Religionszugehörigkeit betrachtet, werden andere Kategorien bevorzugt herangezogen. Darunter vor allem der Bildungsstand, der aber aus gutem Grund nicht in den Melderegistern aufgeführt ist. Der dahinterliegende Gedanke ist, dass der Bildungsstand einen großen Einfluss darauf hat, in welcher gesellschaftlichen Gruppe sich ein Mensch befindet und wie mobil dieser ggf. in andere gesellschaftliche Milieus wechseln kann oder wird. Häufig besteht aber ein Zusammenhang zwischen dem formalen Bildungsabschluss und der Höhe des Einkommens, ebenso wie den sozialen Aufstiegsmöglichkeiten. Erst in einem zweiten Schritt steht dies dann in Zusammenhang mit politischer Beteiligung: Wie oben ausgeführt, sind insbesondere sozioökonomische Faktoren ausschlaggebend für geringe oder hohe Beteiligung. Es ist daher durchaus verständlich, dass der Bildungsstand ein Bewertungskriterium dafür geworden ist, wie inklusiv ein Verfahren ist.

Um den Bildungsstand aber berücksichtigen zu können, muss diese Information zusätzlich eingeholt werden – sie ist schließlich nicht im Melderegister enthalten. Es hat sich daher das sogenannte zweistufige Verfahren etabliert. In diesem wird zuerst eine relativ große Menge an Menschen aus den Melderegistern gelost. In einem zweiten Schritt werden diese dann gebeten, sich mit Angabe weiterer Merkmale, darunter auch dem Bildungsstand, zurückzumelden. Aus diesen Rückmeldungen wird dann eine Gruppe ausgewählt, die nach den zuvor definierten Kategorien, meist Alter, Geschlecht, Staatsangehörigkeit und Bildungsstand so zusammengesetzt ist, dass die jeweilige Verteilung dieser Merkmale in der Auswahl möglichst genau der Verteilung der Grundgesamtheit entspricht.[81]

Wird dieses zweistufige Verfahren gut umgesetzt, lässt sich tatsächlich eine hohe Repräsentanz auf die genannten Merkmale erreichen. Die größten Schwierigkeiten liegen hier weiterhin beim Merkmal Bildungsstand. Selbst wenn sich beispielsweise auf 5000 Briefe insgesamt 200 Menschen zurückmelden und diejenigen hiervon mit Hauptschulabschluss in die Zielgruppe von 100 Personen aufgenommen werden, kann der tatsächliche Anteil von Menschen mit Hauptschulabschluss an der Gesamtbevölkerung von 30 Prozent nur schwerlich erreicht werden[82]. Eine Möglichkeit, dem vorzubeugen, die unter anderem auch im Evaluationsbericht zum *Bürgerrat Demokratie* vorgeschlagen wird, ist es, einfach die Anzahl der Angeschriebenen zu erhöhen, so lange, bis genug Rückmeldungen von Menschen, die einen Hauptschulabschluss haben, erreicht werden. Das klingt soweit ganz gut. Der Aufwand wird zwar höher, aber das Ziel wird erreicht. Lernen können wir von dieser Herangehensweise letztlich Folgendes: Alle, die nun mit Hauptschulabschluss in einem Bürgerrat sitzen, sind diejenigen Menschen mit Hauptschulabschluss, die offenbar weniger repräsentativ für das Merkmal Hauptschulabschluss sind. Denn die Daten zeigen ja eines ganz deutlich: Menschen mit Hauptschulabschluss melden sich in der ganz überwiegenden Zahl nicht zurück und zwar noch viel seltener als in den anderen Gruppen. Man kann es auch anders formulieren: Es sind genau die Menschen mit Hauptschulabschluss dabei, die für das Merkmal „Hauptschulabschluss" weniger repräsentativ sind, weil Menschen mit Hauptschulabschluss statistisch weniger Interesse am Verfahren haben.[83] Das Beispiel macht auch deutlich, dass durch den Fokus auf einige spezifische soziodemografische Merkmale Menschen in gewisser Weise auf diese Merkmale reduziert werden. Wir können uns aber durchaus auch die Frage stellen: Was sagt denn der Bildungsabschluss überhaupt über eine konkrete Person aus? Man kann zwar darlegen, dass es eine statistische Korrelation z. B. von Einstellungen oder Beteiligung einerseits und eben dem Bildungsstand andererseits gibt. Man kann aber deshalb nicht einfach davon ausgehen, dass dieser Zusammenhang bei genau den Personen so gegeben ist, die sich dafür entschieden haben, zur Veranstaltung zu kommen. Im Gegenteil: Es ist durchaus denkbar, dass wir genau die Menschen dabei haben, bei denen es diese Korrelation nicht gibt.

Das grundsätzliche Problem bei einer klassischen Zufallsauswahl ist und bleibt, dass ganz grundsätzlich nur Menschen teilnehmen, die sich aktiv auf einen Brief zurückmelden. Die Teilnahme setzt also ein Mindestmaß an Interesse und Bereitschaft voraus.

Der beratende Charakter von losbasierter Beteiligung

Warum ist es uns wichtig, dass Menschen beteiligt werden, die von sich aus nicht bereit sind, sich auf einen Brief zurückzumelden? Ist es nicht völlig legitim, dass diejenigen Menschen mitarbeiten, die auch Interesse haben?

Es gibt viele Gründe, warum wir dies für nicht ausreichend halten:

1. Die Freiwilligkeit ist ein Trugschluss. Unsere konkreten Erfahrungen zeigen ebenso wie die Forschung, dass es eine ganze Reihe von strukturellen Hürden gibt, die Menschen daran hindern, sich auf einen Brief zurückzumelden.

2. Der Anteil dieser Menschen an der Gesamtbevölkerung ist so groß (>90 Prozent), dass er aus quantitativen Gründen relevant ist. Zusätzlich wird er aus qualitativen Gründen relevant, wenn die Nicht-Beteiligung zur Folge hat, dass die Gruppen-Interessen so nicht ausreichend im politischen Prozess repräsentiert und abgebildet werden können.

3. Es betrifft vor allem Menschen, die sich von der politischen Debatte verabschiedet haben, sie stillschweigend zur Kenntnis nehmen oder nur noch an ihren extremen Rändern mitdiskutieren. Damit birgt die Nicht-Beteiligung gesellschaftlicher Gruppen auch immer die Gefahr der Radikalisierung.

4. Unsere Erfahrung zeigt, dass es oft diejenigen Menschen sind, die unter normalen Umständen nicht teilgenommen hätten, die den größten Mehrwert für eine Debatte bringen, eben weil man ihre Meinung oder ihre Lebensrealität noch nie so gehört hat.

5. Sichtbarmachung und Präsenz von bisher ungehörten Menschen kann zugleich das *Empowerment* und die Mobilisierung ihrer jeweiligen Bezugsgruppen zur Folge haben. Dass andere Menschen in den möglichen Bezugsgruppen sehen, dass ihre Position einen Raum bekommt,

kann zur Folge haben, dass sich nachfolgend mehr Menschen dieser Bezugsgruppe zum Sprechen ermächtigt fühlen. Dies kann dem Gefühl des „Meine Meinung zählt doch eh nichts" Abhilfe leisten.

6. Neben den Ergebnissen für die Politik, geht es bei gelosten Beteiligungsformaten auch um das Erleben von Selbstwirksamkeit. Gerade diese sollte nicht nur den Menschen vorbehalten sein, die von sich aus aktiv eine Teilhabe anstreben.

Wir gehen davon aus, dass die Beteiligungsformate beratenden Charakter haben. Etwas anderes ist in Deutschland derzeit nicht möglich. Und auch in vielen anderen Ländern wird es so praktiziert. Das Los stellt ein beratendes Gremium zur Verfügung, das, selbst wenn es wie in Irland konkrete Verfassungsänderungen vorschlägt, diese eben nicht beschließt. Die Entscheidung wird in einem Referendum oder klassischerweise weiterhin durch gewählte Vertreter*innen gefällt. Und daher ist es besonders sinnvoll, dass in der Vorbereitung dieser Entscheidungen nicht eine prozentual möglichst genaue Repräsentativität in Bezug auf bestimmte Merkmale im Zentrum steht, sondern eine Vielfalt an Lebensrealitäten.

Bei losbasierten Verfahren ist dies leichter möglich als bei Wahlen, weil die Entscheidung nicht durch ein Parteiprogramm und die entsprechende Präferenzabgabe vorgefiltert wird. Indem Losbürger*innen ihre Repräsentant*innen beraten und mit ihnen das Gespräch suchen oder eine ausführliche Handlungsempfehlung erarbeiten, ist eine differenziertere Auseinandersetzung möglich, als wenn eine Entscheidung auf Basis von

Parteiprogramm und Charisma des Spitzenpersonals erfolgt. Während im Wahlprozess die Vielfalt und auch Herausforderungen an Themen und Interessen durch eine Partei in ihrem Programm zurecht gestutzt wird, ist es bei losbasierten Verfahren der Prozess selbst, der im Vordergrund steht. Auch die Meinungsbildung erfolgt so als Prozess, nicht als Entscheidung wie bei der Stimmabgabe. Herauszustellen, dass es sich um Prozesse handelt, hilft auch zu erkennen, wie schwer es ist, Entscheidungen zu treffen und so ein besseres Verständnis für die Fehlbarkeit politischer Entscheidungen zu generieren.

Losverfahren sind also bestens dazu geeignet, bisherige parlamentarische und politische Prozesse zu ergänzen und die Meinungsbildung von Nicht-Wähler*innen und Wähler*innen, also die Input-Seite des politischen Systems, wieder in den Vordergrund zu rücken. Und das um so mehr, wenn sie es schaffen, eine Vielfalt an Lebenswelten zu integrieren.

Von Tür zu Tür. Wie wir Menschen aufsuchen.

Wir haben nun dargestellt, wo die derzeit etablierten Losverfahren ihre Grenzen haben und warum sie zwar eine Repräsentativität in Bezug auf definierte Merkmale ermöglichen, jedoch gerade in Bezug auf die Vielfalt von Lebensrealitäten noch verbesserungswürdig sind. Jetzt wollen wir unsere Methoden genauer vorstellen. Bevor wir damit einsteigen, ist es vielleicht hilfreich zu wissen, warum ausgerechnet wir zwei diese Formate entwickelt haben.

Käthes Geschichte

Meine Geschichte beginnt vor meiner Geburt. Im Osten, obwohl ich ein Nachwendekind bin. Ich bin westdeutsch sozialisiert, Schule, Freund*innen, Lifestyle, Universität – alles, und doch ist meine gesamte Familie aus der DDR. Permanent war und bin ich also mit einem Missverhältnis von westdeutscher Erzählung über die DDR und Erfahrungen meiner Familie konfrontiert. Wenn ich die Geschichten meiner Eltern in Schule und Universität erzählte, erntete ich ungläubiges Schweigen, Desinteresse, kein Verständnis dafür, dass das andere Deutschland nicht nur Diktatur, nicht nur Stasi, nicht nur Mauer war. Zugleich verbrachte ich während und vor meinem Studium viel Zeit in anderen Ländern, in Argentinien, Kambodscha, auf den Philippinen oder Russland – Erfahrungen, die mein Verständnis für die Kontingenz politischer Erzählungen schärften und zugleich den Wunsch formten, unterdrückten Lebenswirklichkeiten mehr Sichtbarkeit einzuräumen. Daher kommt mein besonderes Interesse an anderen Lebensgeschichten, an Geschichten, die nicht dem Mainstream entsprechen, an ungehörten Stimmen. Im Zuge der Debatten rund um Trump, Brexit, AfD und Co gründete ich 2017 mit Freunden schließlich *mehr als wählen e. V.*, um genau diese aufgeheizte Debatte zu Demokratie und Entdemokratisierung zu entschleunigen, um Polarisierungen zu differenzieren und Filterblasen sprichwörtlich zum Platzen zu bringen. Das aufsuchende Losverfahren ist dabei so attraktiv, weil es nicht nur den Austausch von Lebensrealitäten in den Vordergrund stellt, sondern auch strukturell Demokratie verändern und weiterentwickeln kann. *mehr als wählen e. V.* agiert inzwischen mit mehr als 30 Mitgliedern und verschiedensten Projekten in ganz Frankfurt und setzt sich für mehr und inklusive Teilhabe ein. Im Jahr 2018 setzte ich mit *Es geht LOS* denselben Anspruch auf Bundesebene fort. Dass immer alles auch anders sein kann, das prägt also nicht nur meine Lebensgeschichte, es prägt meine praktische Arbeit und meine theoretische Forschung. So widmet sich meine Promotion dem Verhältnis von Theorie und Praxis von Demokratietheorien.

Linus' Geschichte

Meine Geschichte mit dem Los begann mit dem Einstieg in eine Wohnungsbaugenossenschaft 2013. Auf einem Grundstück in Werder an der Havel bauten wir fast 60 Wohnungen für über 150 Personen. Hier lernte ich als Vorstand, komplexe Prozesse zu moderieren, während ich eigentlich noch an der Freien Universität Berlin geographische Wissenschaften unterrichtete. Einer der schwierigsten Prozesse betraf damals die Frage, wie zukünftig über die Verteilung von leeren Wohnungen entschieden werden sollte. Es zeigte sich ein grundsätzliches Dilemma: Den Auswahlprozess können nicht immer alle mitmachen, er ist aufwendig, es braucht eine Gruppe dafür. Die eine Hälfte der Genoss*innen wollte daher eine kleine Gruppe mit dieser Aufgabe betrauen. Für die andere Hälfte barg dies aber die Gefahr, dass wir zwangsläufig immer homogener werden würden. Die Versuche, Quoten für bestimmte Merkmale einzurichten, beschränkten sich aufs Alter, bei allen anderen Merkmalen war keine Einigung in Sicht. Den Prozess unkoordiniert allen Mitgliedern zu überlassen, erschien unmöglich. Die Lösung war am Ende simpel: Den Prozess wird jedesmal ein anderes Team leiten und dieses wird gelost. Es wird seitdem zwar eine Person gewählt, die das Verfahren überblickt und gut kennt, aber ihr werden immer drei Genoss*innen dazugelost.

Als ich ein Jahr später auf der Suche nach einer Stelle außerhalb der Wissenschaft in Falkensee landete, brachte ich diese Erfahrung mit. Wie es dort dazu kam, dass das Losen Teil meiner Arbeit wurde, wird in Kapitel IV dargestellt. Dass es mir persönlich so viel Spaß gemacht hat, ist wiederum kein Zufall. Zweisprachig und in einer Familie mit Pflegekindern aufgewachsen, hat es mich spätestens im Studium voll erwischt, als ich den kulturellen Relativismus der Sozialanthropolog*innen kennenlernte. Das, was ich instinktiv seit meiner Kindheit erlebt habe und wusste – dass Menschen nicht unterschiedlich handeln, weil sie unterschiedlich intelligent oder wissend sind, sondern weil sie aus anderen Lebenswelten kommen, andere Erfahrungen gemacht haben, ihren Entscheidungen andere Werte oder sogar andere Logiken zugrunde liegen –, fand ich nun in einem akademischen Rahmen wieder. Lange suchte ich das Extrem, forschte in Indonesien und Pakistan, um Menschen, Prozesse und Gesellschaft(en) zu verstehen. In Falkensee merkte ich dann, dass die Herausforderung genauso darin bestehen kann, als Westkind einen 87-jährigen Bäcker aus Falkensee zu verstehen. Und noch etwas merkte ich dabei: Diese Kompetenz wird gebraucht.

Das Schöne ist, dass mit jeder Runde, die ich drehe und bei der ich wieder neue Menschen in die Beteiligungsprozesse bringe, auch neue Erkenntnisse kommen. Erkenntnisse darüber, warum Menschen sich unserer Gesellschaft gegenüber ausgegrenzt fühlen, nicht teilhaben wollen oder teilhaben können. Ich lerne aber auch viel über die jeweiligen Themen, zu denen ich aufsuche. Und ich lerne mehr und mehr über den Prozess der Beteiligung mit diesem Verfahren. Denn ich rede ja auch mit denen, die ich nicht davon überzeugen kann, teilzunehmen. Und so verändert sich das Verfahren immer auch ein bisschen. Das im Folgenden vorgestellte Verfahren ist daher eine Art Zwischenstand. Es gab schon viel zu lernen, es gibt aber auch noch viel zu lernen.

Zwei Varianten aufsuchender Verfahren

Nun also endlich zu unseren Verfahren. Halten wir fest: Es geht um Vielfalt. Dabei haben wir zwei sehr unterschiedliche Ansätze gewählt.

Linus' Ansatz ist, dass der Computer in seiner Zufallsauswahl eine Vielfalt sicherstellt, die wir selbst nicht herstellen könnten, weil jede unserer Auswahlen anhand von Kategorien auf unseren eigenen Denkmustern und der Einteilung aller Menschen in Kategorien basiert. Daher geht es in seinem aufsuchenden Verfahren vor allem darum, wie man sicherstellen kann, dass diejenigen Menschen, die gänzlich vom Zufall ausgewählt wurden, auch tatsächlich kommen.

Käthes Ansatz geht davon aus, dass es bei jedem Verfahren Menschen gibt, die in besonderem Maße betroffen sind und daher besonderes Augenmerk verdienen und aktiv mit einbezogen werden müssen. Insbesondere dann, wenn sie generell in der politischen Debatte unterrepräsentiert sind.

Das gleiche Ziel verfolgend, haben wir also unterschiedliche Ansätze entwickelt und im Austausch viel voneinander gelernt. Nachdem wir beide Ansätze vorgestellt haben wollen wir deshalb darauf eingehen, wann welcher Ansatz sinnvoll ist und wie sie sich ergänzen können.

Aufsuchen aller, die auf einen Brief nicht reagieren

Hier soll ganz schematisch dargestellt werden, was sich über die Jahre für ein Verfahren entwickelt hat. Es basiert auf zwei Grundsätzen:

1. Die erste Priorität besteht darin, diejenigen, die der Computer ausgewählt hat, dazu zu bekommen, am Verfahren teilzunehmen. Dazu gehört, die Menschen zu Hause aufzusuchen und mit ihnen zu sprechen, um Hürden abzubauen, die sie an einer Teilnahme hindern.

2. Wenn es nicht gelingt, die Hürden abzubauen, die eine Teilnahme verhindern, wird Ersatz ausgelost, gleichzeitig aber versucht, dennoch Feedback aufzunehmen. Das bedeutet, dass wenn jemand aus zeitlichen Gründen nicht an einer Veranstaltung teilnehmen kann, dann Feedback über eine andere Methoden eingeholt werden kann, vorrangig über ein kurzes Interview zum Thema.

In der Umsetzung bedeutet die erste Priorität, dass wir uns mit jeder einzelnen ausgewählten Person, die nicht von sich aus zusagt, auseinandersetzen. Aus unserer Sicht werden nur so überhaupt alle Hürden und Gründe sichtbar, die eine Teilhabe verhindern.

Wie läuft das Verfahren nun aber konkret ab? Um das Verfahren so darzustellen, dass es auch von anderen Beteiligungspraktiker*innen umgesetzt werden kann, wird es im Folgenden Schritt für Schritt beschrieben:[84]

1. Auswahl der Grundgesamtheit

Zunächst muss festgelegt werden, wer beteiligt werden soll. In den meisten Fällen sind dies Einwohner*innen einer entsprechenden Kommune ab 16 Jahren, in Werder sind wir auch schon bis auf 12 Jahre runter gegangen. In den später vorgestellten Wahlkreisräten sind es alle Einwohner*innen eines Wahlkreises ab 16 Jahren. Grundsätzlich könnte das Verfahren sich aber auch auf die Menschen einer Straße, eines Bundeslandes oder alle Mitglieder eines Vereins, Verbandes, Schüler*innen einer Schule, Mitarbeiter*innen in einem Unternehmen usw. beziehen. Wenn eine Gruppe insgesamt beteiligt werden soll, ist die erste Frage, ob alle Mitglieder dieser Gruppe beteiligt werden können. Nur wenn dies nicht möglich ist, zum Beispiel, weil es um die Erarbeitung von Empfehlungen geht, die in einem ko-kreativen Raum, also zum Beispiel in einem Workshop stattfinden, wird überhaupt eine Stichprobe benötigt. Wenn stattdessen ein Stimmungsbild eingeholt werden soll, kann auch eine Vollbefragung der Grundgesamtheit sinnvoll sein.

2. Auswahl der Stichprobe

Wenn feststeht, dass nur ein Teil der Grundgesamtheit beteiligt wird, muss eine Stichprobe gezogen werden. Die Größe sollte sich daran orientieren, wie viele Personen beteiligt werden sollen. Unsere Erfahrung ist, dass bei intensiver Akquise zwischen ⅓ und ⅕ der Ausgewählten tatsächlich teilnehmen werden. Wenn das Ziel ein Workshop mit ca. 20 Teilnehmenden ist, benötigen wir letztlich ca. 100 Personen. Zunächst werden aber nur so viele Menschen ausgelost, wie maximal an Teilnehmenden erwünscht sind und dann versucht, diese von einer Teilnahme zu überzeugen. Nur wenn aus dieser Gruppe jemand absagt, wird nachgelost (s. Punkt 6).

3. Erste postalische Kontaktaufnahme

Zunächst werden die ersten ausgelosten Personen angeschrieben. Da wir bisher immer aus dem Melderegister gelost haben, gab es zwar Anschriften, jedoch keine Telefonnummern oder Mailadressen. Im Anschreiben sollte deutlich werden, worum es geht und warum es wichtig ist, dass genau die jeweils angeschriebene Person teilnimmt. Dabei hat es sich als hilfreich erwiesen, schon auf typische Gründe für eine Absage einzugehen. Im Schreiben wird um Rückmeldung gebeten, sowie Hilfe bei typischen Absagegründen angeboten (z. B. Wir zahlen die Kinderbetreuung, bieten Dolmetscher an, sprechen mit den Arbeitgeber*innen etc.). Es hilft, das Anschreiben von einer offiziellen Person, die das Verfahren beauftragt, unterschreiben zu lassen. Das kann eine Bürgermeisterin oder auch ein Abgeordneter sein.

4. Von Tür zu Tür

Erfahrungsgemäß melden sich ca. 10 Prozent der Angeschriebenen zurück. Daher kommt nun der entscheidende Schritt im aufsuchenden Losverfahren: die Kontaktsuche bei den Menschen zu Hause. Hierbei hat sich folgendes Vorgehen bewährt: Zunächst wird ein Brief verfasst, für den Fall, dass die ausgeloste Person nicht angetroffen wird: „Sehr geehrte/r XY, ich habe Sie heute leider nicht angetroffen...". Dieser sollte noch einmal deutlich machen, wie wichtig die Teilnahme ist und erneut um Rückmeldung bitten. Es geht darum, eine weitere Chance zu einem Austausch per Telefon oder Email zu bekommen. Die Erfahrung hat gezeigt, dass es für einige Menschen einen echten Unterschied macht, zu lesen, dass jemand sich die Mühe gemacht hat, vorbeizukommen. So entsteht eher die Motivation, sich zurückzumelden. Wählt man den Zeitpunkt für die Besuche mit Bedacht (Freitag- und Samstagnachmittag hat sich sehr bewährt), dann trifft man ca. die Hälfte der Personen zu Hause an. Beim Klingeln an der Tür sind zunächst viele innere Hürden zu überwinden. Es hilft, sich klar zu machen, dass es hier darum geht, Teilhabe zu ermöglichen und dass das Feedback jeder einzelnen Person am Ende im Prozess einen echten Unterschied machen kann. Mit dieser Haltung der Wertschätzung für den einzelnen Menschen sollte man in das Gespräch gehen. Üblicherweise sind Menschen überrascht zu erfahren, dass man von der Stadt kommt. Sie haben zwar meist den Brief gelesen, jedoch nicht erwartet, dass jemand extra vorbeikommt. Klischees und Vorurteile gegenüber kommunalen Mitarbeiter*innen beinhalten nicht, dass diese sich aktiv um Teilhabe von Menschen bemühen. Umso wirkungsvoller ist die Methode, genau das zu vermitteln: Ihre Meinung ist uns wichtig! SIE sind uns wichtig! Erfahrungsgemäß sagen nun nur noch diejenigen ab, die aufgrund von Arbeit/Urlaub oder anderen Verpflichtungen nicht teilnehmen können. Zumindest im kommunalen Rahmen ist es nur in Einzelfällen vorgekommen, dass jemand zwar grundsätzlich Zeit hatte, sich jedoch nicht hat überzeugen lassen.

5. Bei Absage: Aufnahme von Gründen & Einholung von Feedback zur Sache

Um das Verfahren weiterentwickeln zu können, bietet es sich an, diejenigen, die nicht kommen können, zu fragen was sie brauchen, um teilnehmen zu können. Das können ganz profane Faktoren sein, wie z. B. der Zeitraum der Veranstaltung. Wenn dies der Fall ist, kann ein anderes Format für die Teilnahme angeboten werden, z. B. in Form einer kurzen Umfrage. So fließt auch diese Meinung in den Prozess mit ein. Dieser Schritt verfolgt also zweierlei Ziele: 1. Aufnahme von Feedback, welches das Verfahren besser macht, 2. Aufnahme von inhaltlichem Feedback zum Gegenstand des Beteiligungsverfahrens.

6. Nachlosen

Nach den Fahrten von Tür zu Tür wird nachgelost. Hier gibt es zwei Möglichkeiten:

Entweder wurde in Kohorten gelost, dann sollte entsprechend der Absage auch in der gleichen Kohorte nachgelost werden (angenommen, die Person, die abgesagt hat, war eine Frau aus der Alterskohorte zwischen 45 und 65 Jahren, dann wähle ich auch Ersatz mit diesen Merkmalen aus). Oder es wurde ganz frei gelost, dann wird auch frei nachgelost und es wird dem Zufall überlassen, unabhängig von einer soziologischen Kategorisierung, Vielfalt sicherzustellen.

7. Erneutes Anschreiben, Kontaktieren, Aufsuchen

Mit den nachgelosten Personen wird genauso vorgegangen wie mit der ersten Gruppe. Das Verfahren wird solange wiederholt, bis die gewünschte Anzahl an Teilnehmenden erreicht wurde.

8. Evaluation

Wichtig für diese, aber auch andere Formen der Beteiligung, ist eine Evaluation. Konkret bedeutet dies, dass am Ende der Veranstaltung z. B. Fragebögen ausgeteilt werden. Auf diesen können z. B. demographische Merkmale aufgenommen werden, aber auch Feedback zum Verfahren, zur Veranstaltung selbst oder auch zur Kontaktaufnahme. Selbstverständlich sind auch Feedbackrunden am Ende der Veranstaltung sinnvoll, diese sollten eine anonymisierte Form aber nicht ersetzen.

Kernidee bei dieser Methodik ist also, alle aufzusuchen, die sich nicht von sich aus zurückgemeldet haben.

Aufsuchen von Zielgruppen

Beim Frankfurter Demokratiekonvent hat sich ein anderes Verfahren bewährt. Hier werden ⅓ der Plätze für Menschen reserviert, die im politischen Diskurs als unterrepräsentiert gelten. Menschen, die sich aufgrund der verschiedensten Faktoren weniger oder gar nicht an Politik beteiligen (können). Genau diese Menschen suchen wir also bewusst auf und laden sie zur Teilnahme am Demokratiekonvent ein. Dabei besuchen wir sie nicht einfach nur und sagen „Hallo, willst du mitmachen?" Nein, wir nehmen uns Zeit und finden in einem gemeinsamen Workshop raus, wie diese Menschen sich eigentlich beteiligen wollen. Was sie an Partizipation hindert, was sie sich von Partizipation wünschen würden und wie ein Demokratiekonvent ganz konkret aussehen müsste, damit sie sich beteiligen können und wollen. Nicht nur also, dass wir diese Menschen zur Teilhabe am Konvent einladen, zugleich passen wir den Konvent an unsere Teilnehmenden an und ermöglichen so ein niedrigschwelliges Format. Und wie geht das konkret?

1. Definition von Zielgruppen

In einem ersten Schritt gilt es zu definieren, welche Gruppen als unterrepräsentiert gelten. Eine solche Einordnung ist nie final, sondern steht immer in Abhängigkeit von der ausrichtenden Stadt oder Kommune und vom Thema des Bürger*innenrats. In Frankfurt am Main z. B. beträgt der Anteil sog. ausländischer Menschen 29,8 Prozent, Deutsche mit Migrationshintergrund liegen bei 23,9 Prozent (Stand 2018)[85], während der Ausländeranteil in Leipzig bei nur etwa 15 Prozent liegt (Stand 2019[86]). Als erster Indikator, um Unterrepräsentation zu bestimmen, kann also die Bevölkerungszusammensetzung genutzt werden – genau wie es zum Beispiel auch bei der Zufallsauswahl des *Bürgerrats Demokratie* gemacht worden ist. Ein zweiter Indikator ist für uns die Wahlbeteiligung. Welche Menschen dürfen in Frankfurt eigentlich wählen und wer beteiligt sich überhaupt an der Wahl? Die Wahlbeteiligung lag bei den letzten Kommunalwahlen im Jahr 2016 in Frankfurt am Main bei 39 Prozent, bei den Wahlen zum Oberbürgermeister im Jahr 2018 sogar nur bei

30 Prozent. Ausgeschlossen von Kommunalwahlen sind Menschen, die keine deutsche oder EU-Staatsangehörigkeit haben, gemessen am Anteil ausländischer Menschen in Frankfurt am Main also fast 30 Prozent. Berücksichtigt man dann, dass klassische Beteiligungsverfahren wie Wahlen sozial stratifiziert sind und eine Nicht-Beteiligung von sozio-ökonomisch schlecht gestellten, nicht-akademischen Menschen zu erwarten ist, ergeben sich weitere verzerrende Faktoren, die bei Unterrepräsentation geltend gemacht werden können[87]. Schließlich gilt es zu überlegen, welche Gruppen und Minderheiten gegebenenfalls aufgrund historischer struktureller Diskriminierung Nachteile in Finanzierungsmöglichkeit, Mobilisierbarkeit und Aufmerksamkeit erfahren. Auch hier ist es die Aufgabe für politische Verfahren, einen inklusiven Zugang zu ermöglichen.

2. Zielgruppen spezifisch an Ort und Thema anpassen

Zweitens werden diese theoretischen Vorüberlegungen dann ganz konkret auf den jeweiligen Ort angewendet. Für den Frankfurter Demokratiekonvent 2019 sind folgende Zielgruppen bestimmt worden: migrantische Perspektiven und Geflüchtete, wohnungslose Menschen, Menschen mit körperlicher Beeinträchtigung sowie junge und queere Menschen.

Eine solche Liste birgt natürlich die Gefahr, die Zielgruppen auf dieses eine Merkmal zu reduzieren, was der eingangs beschriebenen Vielfalt menschlicher Identitäten widersprechen würde. Hindert aber die Zugehörigkeit zu einer bestimmten sozialen Gruppe den Menschen daran, offen und frei am politischen Diskurs partizipieren zu können, ist es notwendig, mittels solcher aufsuchender Verfahren zumindest kurzfristige Abhilfe zu schaffen. Diese Idee basiert auf einer ähnlichen Logik wie etwa die Debatte um paritätisch besetzte Wahllisten oder ganz allgemeine Quoten-Regelungen für etwa Frauen in politischen und wirtschaftlichen Positionen. Die zugrundeliegende Annahme ist, dass kurzfristige Ungleichbehandlung aufgrund ungleicher Eingangsvoraussetzungen langfristig zu einer egalitären Gesellschaft führen kann. Dabei geht es zugleich darum, insbesondere solche Stimmen hörbar zu machen, die eben aufgrund dieser ungleichen Zugänge sonst ungehört bleiben würden. Nebeneffekt eines solchen Ansatzes ist es also auch, *empowerment* und Mobilisierung sowie ein Gefühl dafür zu vermitteln, wie politische Entscheidungsprozesse verlaufen und wie man sich ganz individuell einbringen kann. Das heißt, unterrepräsentierte Gruppen werden zwar aufgrund eines bestimmten Merkmals eingeladen, sie können dann aber natürlich als ganz individuelle Persönlichkeiten beim Demokratiekonvent agieren und müssen nicht als Advokat*innen ihrer Gruppe agieren. Und schließlich ist dieses Konzept der unterrepräsentierten Gruppen einem ständigen Wandel unterworfen, manchmal passt die eine Gruppe doch besser als die andere und im nächsten Jahr gilt es vielleicht, nochmal andere Stimme lauter zu machen.

3. Kontaktaufbau und Vertrauen herstellen

Der dritte Schritt schließlich ist die Kontaktaufnahme. Dabei arbeiten wir mit Vereinen und Verbänden zusammen, die den Kontakt in die entsprechenden communities halten und uns als Brückenbauer*innen helfen können. Für den Kontakt zu wohnungslosen Menschen ist beispielsweise die Caritas unsere wichtigste Ansprechpartnerin. Es geht also darum, Orte und Menschen zu kennen und zu haben, die das Vertrauen zur Zielgruppe garantieren können und uns zugleich dabei helfen, angemessen aufzutreten und die richtige Ansprache zu wählen.

In Zusammenarbeit mit diesen Brücken-Institutionen veranstalten wir dann einen kleinen Workshop, die Ideenwerkstatt, mit der entsprechenden Zielgruppe. Dabei geht es zunächst einmal nur darum, sich kennenzulernen, Vertrauen aufzubauen und in einer entspannten Atmosphäre ins Gespräch zu kommen. Wer sind die Menschen hinter dem Demokratiekonvent? Was ist der Demokratiekonvent und was bringt er?

Dann wollen wir wissen, was unsere Zielgruppe eigentlich über Partizipation denkt. Wie beteiligen sie sich? Wollen sie sich überhaupt beteiligen? Und was hemmt und hilft bei Partizipation? Wie müsste der Demokratiekonvent aussehen, damit sie sich davon angesprochen fühlen? Diese Antworten helfen uns, das Format für so viele Wünsche wie möglich gerecht zu gestalten.

4. Auch hier kann das Los zum Einsatz kommen

Und schließlich, im letzten Schritt, gibt es auch hier einen Lostopf. Allen Teilnehmenden einer Ideenwerkstatt wird angeboten am Demokratiekonvent teilzunehmen. Sind es zu viele Bewerber*innen, wird unter diesen ausgelost.

Warum zwei Ansätze und wann ist welcher der richtige?

Die Frage, die sich sofort aufdrängt ist, warum zwei unterschiedliche Ansätze? Die einfache Antwort ist: Wir wussten nichts voneinander. Die gleichwohl genauso wichtige Antwort lautet: Zugleich sind unsere Ansätze aus unterschiedlichen Problemanalysen entstanden. In Frankfurt hatten Käthe und ihre Mitstreiter*innen das starke Gefühl, dass bei einer normalen Zufallsauswahl bestimmte Gruppen fehlen würden und sie wussten auch genau, welche Gruppen das waren. In Falkensee war das Problem ein ganz anderes: Hier schien eine riesengroße schweigende Mehrheit sich gar nicht politisch einzubringen. Es ist alles andere als ein Zufall, dass die eine Methodik sich in einer westdeutschen Großstadt entwickelt hat, die andere in einer ostdeutschen Kleinstadt.

Und so lautet die etwas komplizierte Antwort: Jedes Beteiligungsverfahren verfolgt eigene Ziele. Diese sollten gut definiert sein und die Methodik der Teilnehmendengewinnung sollte sich an diesen Zielen orientieren. Und diese Ziele waren eben unterschiedliche – vereint im Gedanken der Vielfalt, im Versuch, solche Stimmen hörbar zu machen, die andernfalls ungehört bleiben.

Aus unserer gemeinsamen Sicht, die sich erst im Schreiben dieses Buches herausgebildet hat, ist es vor allem eine Frage der direkten Betroffenheit von Politik, ob eher das breite Aufsuchen oder das gezielte Aufsuchen notwendig ist. Warum wir das so sehen, wird vielleicht besser deutlich, wenn wir beschreiben, wie es konkret zu unseren Verfahren kam und was darin passiert ist. Und genau dem widmen wir uns nun im nächsten Kapitel.

„Das ist ermutigend zu sehen, dass man trotz unterschiedlicher Sichtweisen so konstruktiv miteinander ins Gespräch kommen kann; das macht wirklich Spaß, diese Demokratie!“ – *Hans K.*

Kapitel IV

Praxisbeispiele

Dieses Buch gibt es, weil es ein vergleichbares zuvor nicht gab. Und weil es bisher kaum Anwendung findet, Menschen für politische Teilhabe aufzusuchen, bzw. das Aufsuchen mit dem Losen zu verbinden. Umso wichtiger ist es, die Beispiele, die es bereits gibt, ausführlich darzustellen. Dabei gehen wir chronologisch vor, das heißt wir beginnen mit den Verfahren, die ab 2016 in Falkensee durchgeführt wurden und enden mit den ersten Wahlkreisräten, in denen das Verfahren zum Einsatz kommt. Wir beschreiben dabei auch den Kontext, in dem die Verfahren Anwendung fanden. Denn häufig halfen uns die besonderen Umstände, die Offenheit der jeweiligen Kommunen, unsere Verfahren anzuwenden. Eine strukturierte Aufarbeitung anhand konkreter Empfehlung folgt in Kapitel V.

Zufall als Qualitätskriterium – das Praxisbeispiel Falkensee

Im Jahr 1989 lebten in Falkensee ca. 22.000 Menschen. 2020 sind es fast genau doppelt so viele. Falkensee liegt direkt vor den Toren Berlins, grenzt an Spandau und war zu DDR Zeiten doch so weit entfernt von der Hauptstadt wie Schwerin oder Leipzig. Denn um in den Ostteil Berlins zu kommen, musste man einmal um den Westteil herumfahren. Gut zwei Stunden brauchten die Pendler*innen bis Berlin Mitte.

Nach dem Mauerfall ändert sich alles. Plötzlich ist Falkensee wieder ein direkter Vorort von Berlin. Heute fährt alle 20 Minuten ein Regionalexpress am Bahnhof ab und ist in einer viertel Stunde am Bahnhof Zoo. Ca 10.000 Menschen pendeln regelmäßig nach Berlin.

Die Bevölkerungsexplosion hinterlässt Spuren. Neben einer rasanten Stadtentwicklung hat sich auch die Zusammensetzung der Bevölkerung verändert. Es sind vor allem Menschen aus der gehobenen Mittelschicht, die nach Falkensee ziehen. Akademiker*innen mit guten Jobs in der Hauptstadt. Der Anteil an Eigenheimen ist groß. Und für viele, die schon vor der Wende da waren, spielt auch die Herkunft der Zugezogenen eine Rolle. Es sind eben viele Wessis.

Als ich, Linus, meine Stelle beginne, kommt all dieses gleich bei einem der ersten Treffen zum Ausdruck. Der Bürgermeister macht sehr klar deutlich, dass er und die Verwaltung eben die Interessen aller Einwohner*innen zu berücksichtigen haben und nicht nur derer, die typischerweise zu Bürgerbeteiligungsveranstaltungen kommen. Denn das ist eben eine sehr spezielle Klientel, oft gut vernetzt, redegewandt und oft auch auf Partikularinteressen aus. Ein Beispiel dafür war ein Workshop, der ein halbes Jahr zuvor in Vorbereitung des Verkehrsentwicklungsplanes stattgefunden hatte.

Ohne eigene Erfahrung, aber mit dem Wissen um Planungszellen und den Citizens' Assemblies in Irland schlage ich vor, dass wir mit Zufallsauswahlen arbeiten sollten. Der Vorschlag stößt auf Interesse. Glücklicherweise steht auch schon das nächste große Beteiligungsverfahren auf dem Programm. Die Stadt gibt sich ein integriertes Stadtentwicklungskonzept, kurz INSEK. Gemeinsam mit dem Stadtplanungsamt und dem externen Büro, das für die Erstellung beauftragt wurde, konzipieren wir das Beteiligungsverfahren neu und integrieren Workshops mit Zufallsauswahlen.

Die erste Beteiligungsphase des INSEK

Der erste Schritt zur Erstellung des sogenannten INSEK ist eine ausführliche Bestandsaufnahme in Form einer klassischen SWOT-Analyse oder auch Stärken-Schwächen, Chancen-Risiken Analyse. Die Analyse wird durch die Fachplaner vorgenommen, sie wollen sie aber in einem Workshop vorstellen und Feedback dazu aus der Einwohner*innenschaft einholen. Wir beschließen, dass wir zwei Workshops machen. Einen klassischen offenen, zu dem breit eingeladen wird und einen zweiten geschlossenen, in dem zufällig aus dem Melderegister geloste Personen zusammenkommen. Der Input durch die Fachplaner*innen ist in beiden gleich, ebenso die Feedbackmethoden.

Ich beginne mich vorzubereiten, lese mich ein in die verschiedenen Methoden des Auslosens und entscheide mehr oder weniger spontan, dass, wenn sich Leute nicht zurückmelden, ich dann versuche, sie nochmal persönlich zu überzeugen. Das ist für mich zu diesem Zeitpunkt keine besonders bahnbrechende Idee, ich gehe mehr oder weniger davon aus, dass es wohl alle so machen würden.

Ich entscheide mich dafür, nach Alterskohorten zu losen und nach Geschlecht. Dann fällt mir auf, dass im INSEK die verschiedenen Stadtteile differenziert behandelt werden sollen und finde heraus, das ein Stadtteil so klein ist, dass es eher unwahrscheinlich ist, dass hier jemand ausgelost wird. Also lose ich nochmal aus jedem Stadtteil eine Frau und einen Mann dazu. Ich spreche das Verfahren kurz mit dem Datenschutzbeauftragten ab, dann bekomme ich anhand meiner Kriterien eine Tabelle mit 40 Personen, die ich im Namen des Bürgermeisters anschreibe. Es antworten vier zurück. Ich suche mir von denen, die sich nicht zurückgemeldet haben, Telefonnummern oder Email-Adressen im Internet raus und kontaktiere sie entsprechend. Nachdem ich so nicht alle erreicht habe, beschließe ich, diejenigen, zu denen ich keinen Kontakt herstellen konnte, noch zu Hause zu besuchen. Also mache ich mich das erste Mal auf den Weg. Ich erstelle eine Karte mit allen Adressen und mache mir eine Route. Ich habe absolut keine Ahnung, wie lange es dauern wird, die ca. 30 Adressen abzufahren, aber am Ende schaffe ich es an zwei Nachmittagen. Es zeigt sich, dass Freitagnachmittag die meisten Menschen zu hause sind. Insbesondere zwei Geschichten sind mir in Erinnerung geblieben.

Wenn die Arbeit keine Zeit für Demokratie lässt

Die erste Person, an die ich mich gut erinnere, war eine Frau, die in der einzigen größeren Plattenbausiedlung lebte. Ich kannte Falkensee bis dahin kaum und mir war nicht mal klar, dass es diese Wohnsiedlung gab.

Sie könne nicht, arbeite im Schichtbetrieb. Sie war ungefähr so beteiligungsfern, wie die Forschung es nahelegen würde. Frau mit Kindern, berufstätig, niedriger Bildungsabschluss. Der Grund, dass sie nicht kam war aber nicht, weil sie nicht wollte, sondern schlicht, weil sie nicht konnte.

Ich habe das in den folgenden vier Jahren immer wieder erlebt: Es gibt viele Menschen, die Interesse haben, sich zu beteiligen, sich über die Einladung freuen, aber einfach nicht kommen können, weil ihr Alltag selbst einen halben Tag Auszeit nicht zulässt.

Das klingt absurd. Menschen gehen ins Kino, gehen ins Fitness-Studio, treffen sich mit Freund*innen. Aber was diese Frau und andere nach ihr gehindert hat ist, dass sie ihre Arbeitszeit eben nicht selbstbestimmt festlegt, sondern die Schichten so nehmen muss, wie sie ihr gegeben werden. Einen Samstag freizuhalten, würde bedeuten, einen Urlaubstag zu nehmen. Daran ist auch nicht einfach etwas zu ändern gewesen. Dass im Jahr 2016 Menschen von politischer Teilhabe ausgeschlossen werden, weil sie in Schichten arbeiten, die ihnen zum Beispiel ein regelmäßiges bürgerschaftliches Engagement schon von vornherein unmöglich machen, hat mich damals schockiert. Ich habe zweimal mit ihr gesprochen. Zwei kurze Gespräche und am Ende ist sie nicht gekommen. Trotzdem hat sie mir in gewisser Weise die Augen geöffnet.

Erst Jahre später komme ich auf die Idee, dass, wenn die Menschen nicht in mein Format kommen können, ich vielleicht weitere Formate anbieten muss. Das Format muss zu ihnen! So nehmen wir heute, wenn wir aufsuchen, einen Fragebogen mit oder bieten die Teilnahme über ein Onlinetool an, damit auch die, die aus Zeitgründen nicht kommen können, ihr Feedback geben können.

Wenn das Leben einen gelehrt hat, dass die Meinung nicht gefragt ist

Die zweite Person, an die ich mich aus dieser ersten Zufallsauswahl besonders erinnere, ist gekommen. Herr Schmidt hat mich angerufen. Er war damals 86 Jahre alt. Das heißt, er war 1930 geboren. War 15 als der zweite Weltkrieg endete, war 31 als die

Mauer Falkensee von Berlin trennte und schon fast 60, als sie niedergerissen wurde. Er war bis zur 8. Klasse in die Schule gegangen und hatte dann eine Bäckerlehre gemacht und sein Leben lang als Bäcker gearbeitet. Er fühlte sich offensichtlich sehr geehrt durch die Einladung des Bürgermeisters. So etwas hatte er noch nie bekommen.

Er war jemand, der die Ereignisse des Geschichtsunterrichts, die für mich sämtlich genau das waren: Ereignisse in Büchern, alle erlebt hatte! Und dabei hatte er vor allem erlebt, dass sie ohne sein Zutun geschehen waren. Ohne seinen Einfluss.

Es erfüllte mich mit einer gewissen Ehrfurcht, dass er diese Stadt doch so viel besser kannte als ich. Das Lustige war, dass er genau diese Ehrfurcht vor mir als Teil eines Staatsapparates empfand. Er sagte, dass er doch zum Thema sicher nichts beitragen könnte („Falkensee 2035" war der Untertitel des INSEK). Es ginge doch hier um die Zukunft der Stadt, das würde er doch alles nicht mehr erleben. Ich versuchte, ihn zu überzeugen, dass so ein Wissen wie er es hatte uns mit Sicherheit helfen würde. Er wollte sich das überlegen. Könne er vielleicht mal im Rathaus vorbeikommen? Ja, selbstverständlich, sagte ich. Allein das schien ihn schon zu überraschen.

Und er kam tatsächlich. Wir unterhielten uns eine Weile und er sagte, wenn es ihm an dem Tag gut gehen würde, dann würde er versuchen, zu kommen.

Etwa eine Woche vor der Veranstaltung kam er dann erneut. Dieses Mal hatte er einfach spontan entschieden, vorbeizukommen. Aber er hatte auch ein Anliegen. Ob er den Raum sehen könnte, in dem das Treffen stattfinden würde. Ich zeigte ihm den kleinen Sitzungssaal. Nichts Besonderes. Aber allein das Laufen durch das Rathaus war für diesen Menschen offensichtlich eben doch etwas Besonderes. In den 86 Jahren, in denen er gelebt hatte, lebte er einen Großteil in Systemen, in denen das, was wir hier taten, völlig undenkbar war. Mich beschleicht beim Erinnern das Gefühl, dass er vielleicht in diesem Moment das erste Mal eine Art Zugehörigkeit zu dem Staat, in dem er lebte, gespürt haben könnte. Natürlich ist das höchst spekulativ.

Was nicht spekulativ ist, ist dass ihm zugehört wurde und er den Workshop genoss. Seine Perspektive war eine gänzlich andere auf viele Fragen der Entwicklung. Wesentlich weniger fordernd, was Maßnahmen anging, stattdessen betrachtete er vielmehr das große Thema, wie die Stadt als Stadtgesellschaft wieder mehr zusammenwachsen könnte. Die anderen Teilnehmenden hörten ihm gerne zu.

Es war vielleicht, und auch das ist spekulativ, ein Erleben von Demokratie, das er in 86 Jahren zuvor nicht erleben konnte.

Was mich Herr Schmidt gelehrt hat ist, dass Demokratie alles andere als selbstverständlich ist und noch viel weniger die Formen der Demokratie, die über eine Wahl hinausgehen. Ich habe aber auch gemerkt, dass es eine Distanz zwischen Mensch und Staat gibt, die Teilhabe verhindern oder zumindest behindern kann. Und mir wurde durch ihn bewusst, dass es doch einen großen Unterschied gibt in der Wahrnehmung und Einordnung von Beteiligung zwischen Ost und West.

Die Ergebnisse des ersten INSEK-Verfahrens

Nun stellt sich die Frage, ob die unterschiedliche Zusammensetzung der Teilnehmenden in einem offenen und einem geschlossenen Format einen Unterschied in den Ergebnissen bedeutet hat?

Ja, das hat es. Wenn auch weniger als ich damals erwartet hatte. Dazu aber zunächst ein paar Sätze zur Zusammensetzung der Teilnehmenden. Im offenen Format waren ca. 70 Personen anwesend, wovon sich 50 Personen an der Evaluation per anonymen Fragebogen beteiligten. Das Verhältnis der Geschlechter war ausgeglichen und auch die Altersverteilung war ok. Es gab zwar wenige Menschen im Alter unter 45, jedoch hatte ein Lehrer seine Schulklasse geschickt und einige waren auch gekommen. Frappierend war aber der Bildungsstand. Die Schüler*innen ausgenommen, hatten alle anderen Teilnehmenden mindestens Abitur, die meisten einen Hochschulabschluss. Hingegen war die Verteilung in Bezug auf den Bildungsstand und das Alter bei der relativ kleinen Gruppe von 16 Teilnehmenden in dem gelosten Format wesentlich heterogener. Das Ziel, hier eine Vielfalt an Perspektiven zu bekommen, wurde also erreicht. Aber hat das die Ergebnisse verändert?

Es ging in den Workshops darum, Stärken und Schwächen, Chancen und Risiken der Stadtentwicklung zu ergänzen. Das heißt, dass schon die Art der Vorgaben durch die Planer*innen sehr unterschiedliche Interpretationen der Stadtentwicklung beinhaltet hat. Es gab, wenn man so will, wenig Polarisierendes. Dennoch gab es einen maßgeblichen Unterschied in den beiden Gruppen. Während in der offenen Veranstaltung die Grünflächen zwar benannt wurden und auch teilweise diskutiert wurde, wie diese sich verändern sollten, spielten sie in der gelosten Gruppe eine zentrale Rolle. Die Belebung öffentlicher Grünanlagen, beziehungsweise öffentlicher Anlagen überhaupt, war ein viel wichtigeres Anliegen. Eine sehr einfache Erklärung: Im offenen Format waren überwiegend (evtl. sogar ausschließlich) Menschen, die eigene Gärten besaßen, während dies in der gelosten Gruppe nicht der Fall war. Hier waren diese Menschen in der Minderheit und so hatten die öffentlichen Grünflächen eine gänzlich andere Bedeutung, weil sie viel mehr Funktionen übernehmen. Sei es als Spielfläche für die Kinder, zum Ausruhen oder zum Grillen.

Die zweite Runde INSEK – Was bedeutet eigentlich Teilhabe

Etwa ein Jahr später hatte sich das INSEK als Arbeitspapier weiterentwickelt. Anhand der Analyse wurden Handlungsschwerpunkte identifiziert und diese dann mit Maßnahmen unterlegt. Da eine Kommune aber selbst dann, wenn sich alle einig sind, *was* alles gemacht werden muss, nicht alles auf einmal machen kann, galt es nun, diese Maßnahmen zu priorisieren. Hierzu fand eine zweite Beteiligungsphase statt (dazwischen hatte es auch noch Fachworkshops gegeben). Die Aufgabe war konkreter und die Auswirkungen realer. Es ging nun darum, dass die Einwohner*innen Stadtentwicklungsmaßnahmen priorisierten!

In diesem Verfahren wurde mir erstmals deutlich vor Augen geführt, was es bedeutet, Teilhabe zu ermöglichen. Wie beim ersten Mal schrieb ich Menschen an und fuhr dann herum. Wie beim ersten Mal hinterließ ich auch dieses Mal einen Brief bei allen, die nicht zu Hause waren. In diesem stand, dass ich da war, aber leider niemanden angetroffen habe und mich über eine Rückmeldung freuen würde. Und dann meldete sich eine Mutter telefonisch bei mir, um abzusagen. Ich fragte sie warum. Sie erklärte mir, dass ihre Tochter Down Syndrom hat und so ein Workshop nichts für sie sei. Sie könne verstehen, dass ich ab 16 Jahren ausloste, hielt ihre Tochter aber dennoch nicht für reif genug. Ich fragte vorsichtig, warum sie das dachte, was genau sei der Hinderungsgrund? Sie bräuchte einfach sehr lange, um sich einer Frage zu widmen. Diese Zeit hätte sie sicher nicht. Und es sei wichtig, dass sie unterstützt würde. Ich bot ihr an, dass wir alles, was auf dem Workshop präsentiert würde, im Vorfeld durchsprechen könnten. Da könnte sie als Mutter dann auch gerne dabei sein und danach könnte ihre Tochter immer noch entscheiden, ob sie am Workshop teilnehmen würde. Sie überlegte es sich, fragte ihre Tochter und schließlich verabredeten wir einen Termin.

Es brauchte einiges an Zeit, der Tochter den Sinn des INSEKs zu erklären – insbesondere, weil wir über gänzlich andere Dinge wie meine eigenen Kinder, die Büroausstattung oder eine lustige Formulierung sprachen. Nichtsdestotrotz konnte sie gut verstehen, dass Maßnahmen nicht alle gleich wichtig waren. Auch sie hatte eine Meinung dazu, was in der Stadt wichtig war. Womit sie wenig anfangen konnte, war der Leitbildslogan, ein zweiter kleiner Block auf dem Workshop. Wozu brauchte es ein Leitbild, und wozu einen Slogan für die Stadt? Weil sie dazu eh nichts sagen wollte und weil sie sich auch nicht vorstellen konnte, mehrere Stunden am Workshop teilzunehmen, lud ich sie ein, nur zur Priorisierung zu kommen. Da es aber um über 40 Maßnahmen ging, bat sie darum, sich diese mit nach Hause zu nehmen, um sie sich in Ruhe durchzulesen. So druckte ich ihr schließlich die

Plakate aus, die wir auch im Workshop nutzten, um die Maßnahmen thematisch geordnet darzustellen und sie nahm sie mit nach Hause. Und am Workshoptag kam sie dann tatsächlich etwa eine Stunde vor Ende wie angekündigt, um ihre eigenen Punkte auf die großen Plakate zu kleben.

Mich hat diese Erfahrung sehr viel gelehrt. Erstens hat diese Teilnehmerin sehr sehr schnell erkannt, wo ein tatsächlicher Nutzen für sie lag und wo ein Einfluss wirklich gegeben war. Das Priorisieren hat sie nicht der Diskussion über einen Slogan vorgezogen, weil sie keine Lust hatte, über einen Slogan zu diskutieren, sondern weil ihr klar war, dass das eigentlich ohne große Konsequenz bleiben würde. Zweitens habe ich gelernt, dass es letztlich sehr leicht ist zu sagen: Hier ist Teilhabe nicht möglich und erheblich schwieriger zu sagen: Was braucht es, um Teilhabe zu ermöglichen? Insbesondere habe ich aber gelernt, dass sich der Aufwand lohnt. An dieser Stelle kann man einwenden, dass es Zufall war, dass genau dieses Mädchen ausgewählt wurde und doch stattdessen auch jemand anderes hätte kommen können. Aber genau hier liegt der größte Wert eines aufsuchenden Verfahrens. Denn nur, wenn ich in jedem Verfahren auch die mit einbeziehe, die eben aufgrund unterschiedlichster Hürden nicht teilnehmen würden, wenn ich sie nicht überrede oder unterstütze, ist die Zufallsauswahl tatsächlich repräsentativ für die Vielfalt der Gesellschaft.

Plötzlich Prozessvertrauen

Die Zufallsauswahlen hatten nicht nur Einfluss auf Ergebnisse und das Erleben von Demokratie für einzelne Teilnehmende, sondern haben auch das Vertrauen seitens der Verwaltung in Beteiligung gestärkt. Dies hat sich an zwei Veränderungen gegenüber der Beteiligung ohne Zufallsauswahlen festgemacht. Erstens: Wie erwähnt war einer der Hauptgründe für die Anwendung von Losverfahren die Zusammensetzung der Teilnehmenden. Die Erwartung, dass durch das Verfahren andere Menschen in die Beteiligungsverfahren eingebunden werden konnten, hat sich mehr als bestätigt.

Es gab aber noch eine zweite Veränderung und das war die Art der Diskussionen. Dazu sei an dieser Stelle erwähnt, dass bei beiden Formaten, offenem wie gelostem, neben den Fachplaner*innen des externen Büros auch Verwaltungsmitarbeiter*innen anwesend waren. Diese erlebten nun in den gelosten Formaten eine gänzlich andere Diskussionskultur und das trotz gleicher methodischer Vorgehensweise.

Hierzu muss man sagen, dass die Messlatte niedrig war. Denn in den offenen Workshops trafen sich teilweise Menschen, die sich seit Jahren in Konflikten gegenüberstanden, gut kannten und beispielsweise die Argumente für und gegen ein weiteres Wachstum der Stadt schon viele Male ausgetauscht hatten. Somit existierte nur eine sehr geringe Bereitschaft, die eigene Meinung in der Diskussion auch zu ändern. Zum anderen waren die Menschen, die in die offenen Veranstaltungen kamen, interessengeleiteter, während die Diskussionen in den gelosten Gruppen allgemeinwohlorientierter verliefen. Darüber hinaus zeigte sich, dass die Ergänzungen, beispielsweise zur Stärken- und Schwächenanalyse im gelosten Format, vielfältiger waren und das trotz weniger Teilnehmenden.

Insgesamt sorgte die Zufallsauswahl dafür, dass innerhalb der Verwaltung Bürger*innenbeteiligung nicht mehr als undemokratischer Parallelprozess wahrgenommen wurde, sondern als tatsächliche Hilfe für die Entwicklung besserer Konzepte. Und somit war auch klar, dass das Verfahren in zukünftigen Beteiligungsprozessen fortgeführt werden sollte.

Gleiches Ergebnis – unterschiedliche Akzeptanz: Die Kegelbahn im Hallenbad

Die Geschichte über den Bau eines Hallenbades in Falkensee könnte ein eigenes Buch füllen. Es gab mehrfach Unterschriftensammlungen, Einwohner*innenanträge, mehrere Absichtserklärungen seitens der Stadtverordnetenversammlung und schließlich auch ein Beteiligungsverfahren zum Hallenbad, dessen Ziel es zunächst war, einen Standort auszuwählen und dann eine Ausstattungsvariante, ehe man schließlich die gesamte Stadt befragte, ob das Hallenbad gebaut werden solle oder nicht. Das Ergebnis war zwar sehr eindeutig positiv mit fast 80 Prozent Zustimmung bei 60 Prozent Beteiligung, letztlich entschieden die Stadtverordneten sich dennoch dagegen, woraufhin ein Volksbegehren stattfand, das Erfolg hatte und schließlich durch einen Volksentscheid doch noch einen Bau herbeiführte. In diesem Kapitel möchte ich nur auf zwei Teile dieses Prozesses eingehen: den Versuch, zufällig geloste Menschen in ein „normales" Format zu integrieren und die Erkenntnis, dass zwar manchmal die Ergebnisse zweier Formate gleich sein können, sie aber unterschiedliche Akzeptanz erfahren.

Aber zunächst zur Standortfrage: Nachdem eine Planungsfirma sieben mögliche Standorte untersucht hatte, kristallisierten sich zwei als besonders geeignet heraus. Offen blieb dabei aber die Frage, was mit dem schon vorhandenen Freibad passieren sollte. In der ersten Beteiligungsphase ging es daher darum, drei Varianten zu bewerten: Standort A am vorhandenen Freibad, Standort B mit einem Parallelbetrieb des Freibads am alten Ort und Standort B ohne Parallelbetrieb.

Nach den positiven Erfahrungen mit geloster Teilnehmer*innenschaft versuchte ich in diesem Fall, in einem Workshop beides zu kombinieren. Es kamen also neben den Menschen, die aus Interesse zu dem Standortworkshop kamen, auch eine Reihe von Menschen, die per Los bestimmt waren. Letztlich kamen statt der angemeldeten 70 Personen 170. Der Workshop war dennoch ein Erfolg, unter anderem auch weil die Teilnehmer*innen explizit dazu aufgerufen waren, die Varianten, die sie nicht bevorzugten, zu ergänzen und somit unabhängig von der Entscheidung jede Variante konsensfähiger wurde. Problematisch war aber, dass sich keinerlei Schlüsse darüber ziehen ließen, wie eine rein geloste Gruppe entschieden hätte und auch die Moderation anhand der Gruppengröße an ihre Grenzen stieß. Ich habe zwar in einem späteren Verfahren eine Mischung auch nochmals mit einer insgesamt kleineren Gruppe durchgeführt, generell bin ich aber zum doppelten Verfahren mit zwei getrennten Workshops wie im INSEK-Verfahren zurückgekehrt und halte dies nach wie vor für besser, weil es bessere Diskussionen und für die Verwaltung und Politik nachvollziehbare Ergebnisse liefert.

Der nächste Schritt im Hallenbadprozess (nachdem die Stadtverordneten der Empfehlung der Beteiligung in Bezug auf den Standort gefolgt waren) war die Frage zu klären, was für ein

Bad es denn geben sollte. Und hier kam nun eine alte Diskussion wieder auf, nämlich die um eine Kegelbahn in der Stadt. Es hatte früher zwei gegeben, beide waren abgerissen worden. Nun sahen die noch existierenden Kegelvereine eine Chance, dass mit dem Bau eines ohnehin großen Gebäudekomplexes für ein Hallenbad eine Kegelbahn nur unerheblich an Mehrkosten bedeuten würde. Zunächst waren Verwaltung und Politik sehr skeptisch, auch das Büro, was für die Machbarkeitsstudie und Standortauswahl ausgewählt worden war, sah wenig Sinn darin. Das Planungsbüro, das das Bad planen sollte, sah den Aufwand, eine Variante mit Kegelbahn zu zeichnen und zu prüfen jedoch als verhältnismäßig gering an und schließlich wurde entschieden, eine Variante mit Kegelbahn in die Beteiligung zur Austattung mit aufzunehmen. Zu der offenen Veranstaltung, bei der es nun um Ausstattungen ging, kamen schließlich auch viele Kegler*innen, die natürlich für den Termin geworben hatten. Die Variante mit Kegelbahn lag schließlich knapp vor einer Variante ohne. In der geschlossenen Veranstaltung mit zufällig gelosten Teilnehmer*innen sah das zunächst ganz anders aus. Hier gab es nicht eine Person, die sich als Kegler*in bezeichnete und anfangs sprachen sich fast alle dagegen aus, eine Kegelbahn zu integrieren. Bis eine Person in einem Nebensatz erwähnte, dass man dort ja immerhin mal einen Geburtstag feiern könnte. Es begann daraufhin eine angeregte Diskussion darüber, dass man in Falkensee ja wenige Orte hatte für Familienfeiern, Betriebsausflüge und ähnlichem und dafür immer nach Berlin fuhr. Nach und nach änderten sich die Meinungen zur Kegelbahn und schließlich waren sich viele (nicht alle), auch wenn sie Kegeln nicht als Sport betrieben, einig, dass eine Kegelbahn eine Bereicherung für die Stadt allgemein wäre. Auch in der Zufallsauswahl gab es schließlich eine Mehrheit für die Variante mit Kegelbahn, trotz der damit verbundenen Mehrkosten.

Die Kegelbahn ist für mich ein klassisches Beispiel dafür, dass in zwei Verfahren zwar das gleiche Ergebnis zustande kommen kann, es aber einen großen Unterschied macht, wie dieses Ergebnis zustande gekommen ist. Letztlich gab es natürlich auch Stadtverordnete, die sich für eine Kegelbahn ausgesprochen hätten in dem Wissen, dass es vor allem die Kegler*innen waren, die in der öffentlichen Veranstaltung „das Zünglein an der Waage" waren. Für die meisten hätte das aber nicht gereicht. Es war vor allem die stark auf das Allgemeinwohl orientierte Begründung, die sich aus der Zufallsauswahl ergeben hatte, die letztlich dazu geführt hat, dass mit einer Kegelbahn weiter geplant wurde.

Auch im letzten Verfahren, das ich in Falkensee mit aufsuchendem Losen durchgeführt habe, zeigte sich noch einmal, dass die Akzeptanz von Ergebnissen durch Zufallsauswahlen erhöht werden kann.

Parkraumkonzept – Chinesische Verhältnisse und Mansplaining

Es ist eine für Falkensee typische Veranstaltung, in der das Parkraumkonzept in der Stadthalle Falkensee öffentlich vorgestellt wird. Einige Stadtverordnete, viele andere bekannte Gesichter, Presse und nur wenige Menschen, die man bei einer solchen Veranstaltungen nicht erwarten würde. Insgesamt sind an diesem Abend vielleicht 40 oder 50 Menschen gekommen.

Verkehr ist fast immer ein Reizthema. So auch hier. In Falkensee ist insbesondere die Parkplatzsituation in der Innenstadt eine enorme Herausforderung, da an einem ganz normalen Morgen mehrere tausend Menschen am Bahnhof in die Regionalzüge steigen. Es geht unter anderem auch um Parkhäuser. Wie so oft in öffentlichen Veranstaltungen sind es vor allem Männer, die sich zu Wort melden. Einer erklärt nun lang und ausführlich, dass Frauen in dem vorgeschlagenen Parkhaus sicher nicht parken würden. Er steht mit seiner Meinung nicht alleine, eine Frau äußert sich zu dieser Frage an dem Abend allerdings nicht.

Ein paar Tage später sitze ich im Workshop mit zufällig gelosten Menschen. Eine der Gruppen, die am schwierigsten für solche Workshops zu bekommen sind, sind Frauen mit kleineren Kindern. Letztlich hilft hier auch das Angebot der Kinderbetreuung nur bedingt, denn neben diesem Problem leisten Frauen eben auch immer noch einen Großteil der Hausarbeit. Oft muss ich in dieser Gruppe am häufigsten nachlosen. Dass es sich lohnt, zeigt sich nun an diesem Tisch. Die Fachplaner haben auch hier das Parkraumkonzept präsentiert, inklusive konkreter Vorschläge für Parkhäuser. In einer ersten Runde stelle ich eine sehr offene Frage, was am Parkraumkonzept aufgefallen ist. Eine der wichtigsten Moderationstechniken, die ich bei solchen heterogenen Gruppen immer wieder anwende, ist, dass alle vor dem Sprechen, das, was sie sagen wollen, in Stichworten auf Moderationskarten schreiben. Das hat gleich mehrere Gründe (siehe Kapitel V), einer davon ist, dass so verhindert wird, dass die, die sich zuerst äußern, das Thema stark prägen und sich alle späteren nur noch darauf beziehen. Und trotzdem sagen in dieser Runde drei Frauen hintereinander, dass sie sich nicht vorstellen könnten, in dem Parkhaus an der geplanten Stelle zu parken.

Man könnte jetzt einwenden, dass die Fachplaner*innen das auch vorher hätten wissen müssen. Es ging aber explizit um einen bestimmten Standort, den Weg von dort zum Bahnhof und die Lage an sich. Man könnte auch einwenden, dass es doch diese Aussagen nicht gebraucht hätte, schließlich hatte doch schon in der offenen Veranstaltung jemand auf das Problem aufmerksam gemacht.

Der Wert der Aussagen in der Zufallsauswahl liegt aber vor allem im Kontext: Erstens bestand, anders als im offenen Format, hier nicht die Gefahr, dass die Nichtnutzung durch Frauen lediglich ein Grund war, der vorgeschoben wurde, um sich generell gegen ein Parkhaus auszusprechen. Noch wichtiger aber ist, dass wir generell nur äußerst selten unsere Meinung aufgrund von Argumenten ändern, sondern wenn, dann meistens aufgrund von Erfahrungen. Frauen erzählten von konkreten Erfahrungen der Angst. Die Fachplaner konnten den Einwand so tatsächlich wesentlich besser annehmen und einordnen als zuvor.

Auf der öffentlichen Veranstaltung gab es noch eine zweite Wortmeldung, auf die ich kurz eingehen will, ehe wir Falkensee verlassen.

Ein Mann meldete sich. Er nahm mir das Mikrofon ab und begann eine lange Tirade gegen die Stadt, die Planer*innen, den Zuzug. Er sprach unter anderem von unhaltbaren chinesischen Zuständen am Bahnhof, wenn sich morgens tausende von Menschen in die Züge zwängten. Es ist nicht so, dass es auf den öffentlichen Veranstaltungen immer friedlich zugeht. Vorwürfe an die Stadt, Unterstellungen und Gegendarstellungen sind nicht unüblich. Aber die Art der Angriffe und insbesondere die gewählte Sprache war für alle anderen Anwesenden sehr ungewohnt. Ich hatte, während der Mann neben mir redete, die ganze Zeit das Gefühl, ihn zu kennen. Gleichzeitig war mir klar, dass es aus einem anderen Zusammenhang sein musste, denn seine Art zu sprechen wäre mir in der Vergangenheit sicher auch aufgefallen. Schließlich fiel es mir später ein: Er war im Hallenbadverfahren einer der Teilnehmenden im gelosten Workshop.

Ich schließe mit diesem Beispiel aus drei Gründen. 1. Es soll deutlich machen, dass ein und dieselbe Person in einer Zufallsauswahl anders kommunizieren und die Art des Austausches sachorientierter sein kann. 2. Die Aussagen waren sprachlich diskriminierend und viele der Urteile unfair. Letztlich brachte er aber einen wichtigen Punkt in die Debatte ein, nämlich eine massive Überlastung der Züge, die in dieser Klarheit eben sonst niemand formuliert hatte. 3. Dieser Mensch war zuvor nie auf einer ähnlichen Veranstaltung gewesen. Erst nachdem er in einer Zufallsauswahl gelandet war, kam er auch zu einer öffentlichen Veranstaltung. Er hatte trotz seiner sehr kritischen Haltung gegenüber der Politik und Verwaltung Vertrauen in Beteiligung an sich gewonnen. Bei Bürger*innenbeteiligung sprechen wir oft von den üblichen Verdächtigen, die eben immer dabei sind. In Falkensee hat sich eine alte Annahme über Zufallsauswahlen durchaus bestätigt: man kann eben mit ihr auch diesen Kreis der politisch Engagierten erweitern.

Demokratie von unten für unten – das Praxisbeispiel Erster Frankfurter Demokratiekonvent (2019)[88]

Wenn man wie ich, Käthe, jahrelang Politische Theorie studiert, kennt man irgendwann ziemlich viele Konzepte, was und warum man alles am politischen System Deutschlands oder auch der Welt ändern sollte. Schaut man in die politische Praxis, sind die Möglichkeiten dann aber doch wieder beschränkt – natürlich kann man an sich alles machen oder ausprobieren, berücksichtigt man aber einige realpolitische Argumente, Machtfragen und Aufmerksamkeitsökonomien, fallen recht viele Optionen schnell hinten runter. Es bleibt der Weg in die Parteien, die Arbeit für eine monothematisch orientierte NGO, wie etwa Greenpeace, oder der Gang ins Ministerium. Gestalten und innovativ sein kann man an diesen Orten sicherlich auch. Strukturell neue Ideen aufbauen aber weniger. Und genau das, auch strukturell Politik gestalten zu können, also mit Blick auf die Prozesse und Verfahren, trieb uns an, als ich mit Freunden den Verein *mehr als wählen e. V.* gründete und wir im Jahr 2019 den Ersten Frankfurter Demokratiekonvent durchführten.

In Parteien treffen sich also immer dieselben, in NGOs geht es meist nur um ein bestimmtes Thema. Was, wenn es ein Format gäbe, bei dem man unterschiedliche Menschen miteinander in Austausch bringt und das zugleich zu wechselnden Themen? Und, nicht zu unterschätzen, so auch Demokratie und Politik *erfahrbar* macht? Wer weiß denn schon, wie eigentlich wirklich Prozesse in der Stadtverordnetenversammlung ablaufen, wo der Unterschied zwischen Magistrat und Stadtverordnetenversammlung ist und welche Kompetenzen städtische Politiker*innen im

Gegensatz zur Landes- und Bundespolitik haben? Wer geht zu den vielen Bürger*innensprechstunden, die in den meisten Stadtteilen angeboten werden? Nicht nur Austausch zwischen den Einwohner*innen Frankfurts war uns also wichtig, auch der Austausch zwischen Politik und Frankfurter*innen sollte gestärkt werden.

Nun waren wir eine Gruppe von vier, bald fünf Studierenden mit zwar vielen Ideen, aber umso weniger Ressourcen. Schnell war klar, das Modell Bürger*innenrat – das wäre auch was für Frankfurt. Menschen per Zufall auszuwählen und an der Stadtpolitik zu beteiligen, sahen und sehen wir als Chance, Austausch und demokratische Erfahrung in den Fokus städtischer Politik zu stellen. Viele Ideen, ein gutes Konzept und der Anspruch, auch strukturell neue Wege zu testen, wie man Politik machen kann. Neu in Frankfurt, Anfang 20 und ohne Netzwerk standen wir mit dieser Idee zu Beginn aber ziemlich alleine da.

Es folgten viele Gespräche, Anfragen, verschlossene Türen und sehr sehr viel Durchhaltevermögen, ehe wir Menschen gefunden hatten, die bereit waren, an uns und unsere Idee zu glauben. Und das war schon eine der wichtigsten Erfahrungen, die ich seit Gründung des Vereins machen konnte: Worauf es im politischen Betrieb und dem politischen Arbeiten wirklich ankommt, sind gute Netzwerke, Menschen, die an einen glauben und schließlich das eigene Durchhaltevermögen und der Glauben an die eigene Idee. Eine gewisse Fehlertoleranz und Kritikfähigkeit sind dabei aber ebenso unabdingbar. Nach einem intensiven Jahr des Lobbyings war es im Februar 2019 dann schließlich soweit: Wir luden 50 zufällig ausgewählte Menschen für zwei Wochenenden dazu ein, beim Ersten Frankfurter Demokratiekonvent über ein demokratischeres Frankfurt zu diskutieren und eine Handlungsempfehlung für bessere Bürger*innenbeteiligung zu entwickeln.

50 Teilnehmende, ein Thema, drei Tage. Und im Einzelnen?

50 Teilnehmende: Insbesondere die Auswahl der Teilnehmenden lag uns am Herzen. Wie vermeidet man, dass nur die üblichen Verdächtigen kommen? Wie mit sozialer Stratifizierung umgehen? Wie ermöglicht man gleichzeitig, dass alle Menschen, die einen Zufalls-Brief bekommen haben, wirklich direkt teilnehmen können und nicht wie in zweistufigen Verfahren nur unter Vorbehalt zusagen können?

Und so entwickelten wir ein ganz eigenes Modell. ⅔ der Teilnehmenden des Demokratiekonvents werden per Los ausgewählt. Dabei wird die Grundgesamtheit nach Alter, Geschlecht und Stadtteil vororganisiert. Wer sich aber zurückmeldet, kann kommen, egal welchen Alters, Geschlechts oder aus welchem Stadtteil. ⅓ der Teilnehmenden wählen wir aufsuchend aus. Welche Menschen und Gruppen beteiligen sich üblicherweise nicht an politischen Prozessen? Welche Menschen und Gruppen sind vielleicht historisch bedingt grundsätzlich benachteiligt in unserer Gesellschaft? Genau für diese haben wir also ⅓ der Plätze des Demokratiekonvents reserviert. Wir erkennen damit an, dass Mitsprache und Zugang zu politischen Beteiligungsmöglichkeiten realpolitisch noch nicht gleich verteilt sind und wollen dies über dieses System ausgleichen. Unser Verständnis von unterrepräsentierten Gruppen ist dabei fluide. Das heißt, wir wollen Menschen nicht auf eine bestimmte Identität oder eines ihrer Merkmale reduzieren. Jeder Mensch hat viele Identitäten, zum Beispiel ist eine Frau nie nur Frau, sie kann auch aus einer ostdeutschen Großstadt kommen, eine Ausbildung zur Tischlerin gemacht haben und sich vielleicht insbesondere über ihre Liebe zu klassischer Musik definieren. Manche Merkmale wandeln sich auch, üblicherweise vertritt man mit 16 Jahren andere Ansichten als mit 76 Jahren. Die Definition und Ansprache unterrepräsentierter Gruppen ist bei uns also nie abschließend, sondern in ständiger Diskussion. Für den ersten Konvent haben wir wohnungslose Menschen, queere Menschen, junge Menschen, geflüchtete und migrantische Menschen sowie Menschen mit körperlicher Beeinträchtigung angesprochen. Wir sind dabei gezielt auf Vereine und Verbände zugegangen, in denen sich diese Gruppen organisieren oder die für diese Gruppen Anlaufstellen bieten und haben uns und den Demokratiekonvent vorgestellt und die Menschen eingeladen, daran teilzunehmen.

Ein Thema: Ein völlig neues politisches Instrument ausprobieren und installieren und das in einer Stadt, die bisher eher wenig Engagement im Bereich Bürger*innenbeteiligung gezeigt hat. Ein Instrument, das wir also nicht nur den Frankfurter*innen selbst, sondern auch der Stadt Frankfurt erstmal schmackhaft machen müssen, was nicht zu sehr an den Machtverhältnissen kratzen darf, aber gleichzeitig auch nicht in der Bedeutungslosigkeit verschwinden sollte – schließlich würden die Teilnehmenden viel Zeit investieren. Welches Thema eignet sich für einen solchen Spagat zwischen Erwartungen der Teilnehmenden und Beratungsfunktion bei der Stadt? Unser Anspruch selbst! Wir wollen Frankfurter Politik verändern, wir wollen ein neues

Politikverständnis anregen und neue Wege der Beteiligung gehen – aber wollen andere Frankfurter*innen das eigentlich auch? Welche Formen und Möglichkeiten der Beteiligung gibt es bereits für Frankfurter*innen? Welche wünschen sie sich (nicht)? Und was kann die Stadt in dieser Hinsicht tun?

An den drei Tagen stellten wir also zunächst regionale Möglichkeiten der Beteiligung vor und wagten dann den Blick über den Tellerrand – wie sieht es in ganz Deutschland aus? Vorgestellt haben sich also zum Beispiel der Rad- und Mietentscheid Frankfurt, die kommunale Ausländer*innenvertretung und überregional Vereine wie *Liquid Democracy*, Mehr Demokratie e. V. oder der *Frühstücksbus*. Nach einem Vortrag des Politikwissenschaftlers Claus Leggewie begann für die Teilnehmenden dann die Arbeit in Kleingruppen. Wie wollen wir Frankfurt gestalten? Welche Ideen haben wir? Entstanden sind sechs Ideen, von denen einige inzwischen umgesetzt werden, sowie einige grundsätzliche Forderungen für eine Beteiligungsstruktur in Frankfurt, also etwa die Einrichtung eines Leitlinienprozesses. All diese Vorschläge wurden im Plenum abgestimmt und dann in einer Handlungsempfehlung zusammengefasst. Am Ende stand die feierliche Übergabe im Römer an den Bürgermeister, dem alle Vorschläge von den Teilnehmenden vorgestellt wurden.

Drei Tage: Wie kamen die Teilnehmenden eigentlich zusammen? Getagt hat der Demokratiekonvent an drei Tagen, ein Samstag und dann nochmal ein ganzes Wochenende. Rundherum gab es Kinderbetreuung, kostenlose ÖPNV-Tickets und ausreichend Catering, um für jede*n eine entspannte Atmosphäre zu schaffen. Plenumsdiskussionen und Kleingruppen wurden die ganze Zeit von einer Moderation begleitet, sodass sichergestellt war, dass konstruktiv und auf Augenhöhe diskutiert werden kann. Auch das Kennenlernen stand weniger im Zeichen von üblichen Vorstellungsfragen wie etwa Beruf und Alter, sondern wurde eher um Fragen wie Hobbies konzipiert. So war es möglich über zum Beispiel den gleichen Sportverein direkt eine Gemeinsamkeit herzustellen, anstatt in status-orientierten Diskussionen zu verharren. Am Ende des zweiten Tages waren auch Vertreter*innen der Stadtverordnetenversammlung eingeladen, sich den Demokratiekonvent anzuschauen und ins Gespräch mit den Teilnehmenden zu kommen. Anders als für Politiker*innen üblich, durften sie dabei aber immer nur auf Fragen aus den Kleingruppen reagieren, um so konkret bei den Themen zu bleiben, die die Teilnehmenden bewegten. Alle Stadtverordneten zeigten sich beeindruckt vom Format, von den Ideen der Kleingruppen und der positiven Dynamik und Atmosphäre in den Gruppen. Und auch für viele Bürger*innen war dies ein besonderer Moment: Viele hatten noch nie zuvor mit ihren Stadtverordneten gesprochen und hatten so die Chance, Einblick in deren Alltag zu erhalten.

Was haben wir gelernt, was wird 2021 anders?

Der Erste Demokratiekonvent war ein voller Erfolg, das zeigt nicht nur das positive Feedback der Teilnehmenden, sondern auch das fortlaufende Interesse der Stadt am Thema. Inzwischen wurden Haushaltsgelder für einen koordinierten Prozess zum Thema Bürger*innenbeteiligung eingerichtet sowie Empfehlungen verschiedener Projekte aufgenommen.

Und für uns? Im Jahr 2021 wird es einen zweiten Demokratiekonvent geben, diesmal – anders als im ersten Jahr – auch mit finanzieller Unterstützung der Stadt, ganz von unten arbeiten wir also inzwischen nicht mehr.

Außerdem haben wir die Anzahl der Tage von 3 auf 4 erhöht. Das entspannt die Diskussion, es ist mehr Zeit zum Kennenlernen und für die Vertiefung von Themen. Insbesondere weil im Jahr 2021 das Thema Klima ansteht, wird dies auch nötig sein. Aber auch Themen wie Wohnungsnot oder Digitalisierung brauchen Zeit und Raum, um angemessen diskutiert zu werden. Auch die Anzahl der Teilnehmenden ist nun auf 60 festgelegt, dies vor allem, um so vielen Menschen wie möglich die Teilnahme einräumen zu können.

Die wichtigste Neuerung und Erkenntnis betrifft aber unsere aufsuchende Beteiligung. Gruppen, Vereine und Verbände direkt anzusprechen, hat sich bewährt und wir konnten so einige Teilnehmende dieser Gruppen beim Demokratiekonvent begrüßen. Um das Format aber nachhaltiger zu gestalten und auch fortwährend dem Anspruch Folge zu leisten, dass es uns insbesondere um die Einbindung solcher Gruppen geht, die oft wenig bis kein Gehör finden, werden wir uns mit noch mehr Zeit dieser Auswahl widmen. In sog. Ideenwerkstätten – zwei-bis drei-stündigen Workshops – sprechen wir mit unseren Zielgruppen über deren Wünsche und Vorstellungen zu politischer Partizipation. Und wir fragen ganz konkret, wie wir den Demokratiekonvent für ihre Zielgruppe inklusiver gestalten können. So können wir lernen und laden gleichzeitig dazu ein, sich bei uns im Verein oder als Teilnehmer*in des Demokratiekonvents zu engagieren. Das baut Vertrauen auf und stellt sicher, dass zumindest wir mit denen sprechen, die die Politik viel zu häufig vergisst.

Neustart für 140 Jahre Tradition – das Praxisbeispiel Werder (Havel)

Im Spätsommer 2019 komme ich, Linus, früh in mein Büro, öffne wie immer erstmal die Balkontür raus zur Straße und sehe dort auf der anderen Straßenseite eine Gruppe Menschen, die ich nicht richtig einordnen kann. Sie sind ziemlich aufgebracht und wirken extrem angespannt. Ich denke mir nichts weiter dabei, bis ich eine viertel Stunde später ins Büro der Bürgermeisterin gebeten werde. Es hatte sich eine Person zu einem persönlichen Gespräch angemeldet, nun stehen etwa 25 Menschen vor der Tür und daher werde ich gebeten, ob ich nicht vielleicht moderieren könnte.

Das Büro, in dem nun alle stehen, ist eigentlich für Treffen mit maximal acht Personen ausgelegt. Stattdessen stehen nun ca. 30 Menschen hier, inklusive einiger weniger Verwaltungsmitarbeiter*innen. Die, die hier gekommen sind, sind Obstbauern und Obstweinhersteller*innen. Einigen ist anzusehen, dass sie die Nacht über nicht geschlafen haben und sie sagen das auch so. Die meisten versuchen, einigermaßen freundlich zu bleiben, andere skandieren schlicht, die Bürgermeisterin müsse sofort zurücktreten und die Entscheidung, das Baumblütenfest in seiner bisherigen Form abzusagen, sofort zurücknehmen. Es ist insgesamt eine extrem angespannte Situation.

Auf den ersten Blick geht es hier um finanzielle Interessen. Das Baumblütenfest ist eines der größten Volksfeste Deutschlands. Gleichzeitig findet es aber eben in einer Kleinstadt statt und nicht in München, Stuttgart oder Köln. Die Obstbauern haben es im 19. Jahrhundert für die Berliner*innen erfunden, seitdem kommen diese (und auch ein paar andere) jedes Jahr mit Sonderzügen nach Werder. Immer an zwei Wochenenden rund um den ersten Mai. Zehn Tage lang. Das geht ganz grob seit 140 Jahren so und viele Familien sind mittlerweile finanziell abhängig von den Einnahmen aus diesem Fest.

Tatsächlich geht es aber um viel mehr als Geld. Es geht um Identität. Um das zu verstehen, muss man ein bisschen ausholen.

Die angebliche Spaltung der Stadt

Werders Baumblütenfest sind eigentlich drei Feste. Zum einen wird auf den Obstplantagen gefeiert. Diese liegen außerhalb der Stadt. Hier präsentieren die Obstbauern ihre Erzeugnisse direkt in ihren Plantagen. Man sitzt auf Bierbänken unter Kirschbäumen und trinkt den Wein eben dieser Bäume. Das zweite Fest ist das, welches in den Gärten der Innenstadt stattfindet. Hier gibt es neben den Bierbänken dann oft noch zusätzliche Angebote, je nach Garten, vom Flammkuchen bis zur Livemusik. Und schließlich gibt es das dritte Fest. Es findet auf den Straßen der Innenstadt statt. Seit den 1990ern wurde es stetig größer. Es besteht aus vielen Ständen entlang der Straßen und auf den Plätzen der Stadt, inklusive Rummelplatz und mehrerer Bühnen, die von Brandenburger Radiosendern bespielt werden.

Das Fest hat sich in 140 Jahren immer wieder verändert. Seit der Wende hat es wieder stark an Bedeutung hinzugewonnen.

In den letzten Jahren standen aber vor allem die negativen Seiten des Festes im Fokus. In den Medien war von Brandenburgs größter Drogenparty zu lesen und auch innerhalb der Stadt gab es immer mehr Kritik am Fest.

Die Stadt hatte das Fest von einem privaten Unternehmen durchführen lassen und als diese Konzession 2019 neu vergeben werden sollte, wollte man mit der Neuvergabe auch das Fest neu gestalten. Vor allem wollte man aber, dass das Unternehmen, das zukünftig das Fest organisierte und durchführte, auch die Verantwortung für die immer wieder gestiegenen Sicherheitsanforderungen übernahm. Es zeigte sich, dass es keine Anbieter*innen gab, die bereit waren, diese Gesamtverantwortung zu übernehmen und das Vergabeverfahren wurde schließlich im September 2019 ohne Ergebnis beendet.

Nun stand man etwa ein dreiviertel Jahr vor dem Fest ohne Veranstalter*in da. Klar war, dass das Fest in den Höfen, Gärten und Plantagen auch ohne stattfinden könnte, was aber fehlen würde, waren die Stände, die Bühnen und der Rummel in der Stadt. Als Anfang September die Bombe platzte, gab es einen Aufschrei der Entrüstung. Nicht nur in mehreren Oppositionsparteien, auch aus der Bevölkerung gab es Rücktrittsforderungen gegenüber der Stadtspitze. Es formierte sich schnell massiver Widerstand gegen eine Entscheidung, die viele einfach nicht nachvollziehen konnten. Dass ein Vergabeverfahren mit einer europaweiten Ausschreibung nicht einfach kurzfristig wiederholt werden kann und dass man ebenfalls nicht die Option hatte, das Fest einfach pauschal wie bisher zu organisieren, war für kaum jemanden verständlich.

Ich hatte meine Stelle als Referent für Einwohner*innenbeteiligung erst sechs Wochen zuvor begonnen und erstellte nun sehr kurzfristig ein Beteiligungsverfahren. Es war klar, dass man die Gelegenheit nutzen musste, um die Diskussion über das Fest endlich mit einer breiten Beteiligung zu führen. Gleichzeitig schienen die Fronten verhärtet wie nie. Und was zu diesem Zeitpunkt völlig fehlte, war ein gemeinsames Verständnis davon, worüber man alles diskutieren musste.

Das Verfahren war in fünf Schritte gegliedert. Erstens sollte breit informiert werden. Zweitens sollte die Gesamtbevölkerung ausführlich befragt werden. Drittens sollten die Ergebnisse der Befragung in Workshops diskutiert werden und Vorschläge für das konkrete zukünftige Fest erarbeitet werden. Viertens sollte das Konzept auf Basis der Workshops durch Fachplaner*innen erstellt werden, um es schließlich fünftens noch einmal öffentlich zu diskutieren und dann durch die Stadtverordneten zu beschließen. Für diese Schritte waren aus meiner Sicht mindestens eineinhalb Jahre notwendig. Sofort zeigte sich Widerstand, als klar wurde, dass dies bedeuten würde, dass das Fest nicht einmal, sondern sogar zweimal nicht wie gewohnt stattfinden konnte. Und so wurde das Verfahren am Ende auf ein Dreivierteljahr gestrafft. Auf dieses Vorgehen konnten sich schließlich fast alle Stadtverordneten einigen und der Beschluss zum Beteiligungsverfahren wurde im September 2019 mit breiter Mehrheit und parteiübergreifend gefasst.

Zu Beginn des Verfahrens stand die Informationsvermittlung im Zentrum. Um möglichst alle Werderaner*innen zu informieren, wurden Briefe an alle Haushalte verteilt, zum einen direkt mit Informationen, zum anderen als Einladung zu einer Einwohner*innenversammlung, auf der dann im November über den aktuellen Stand informiert wurde. Hier wurden auch schon erste

Bewertungen des bisherigen Festes und Ideen und Wünsche für das zukünftige Fest von den fast 300 Teilnehmenden aufgenommen. Auf Basis dieses ersten Feedbacks wurde dann eine Onlineumfrage konzipiert, die bis Anfang Januar 2020 insgesamt sechs Wochen lang ausgefüllt werden konnte. Die Stimmung in dieser Zeit war extrem angespannt. Es gab Demonstrationen mit über 600 Teilnehmenden und generell herrschte eine Stimmung der Spaltung. Auf der einen Seite schienen die Alteingesessenen zu stehen, die das Fest so behalten wollten wie es war, auf der anderen Seite die neu Hinzugezogenen. Die Argumentation der Alteingesessen war in etwa wie folgt: *Das Fest gibt es seit 140 Jahren. Jede*r, der nach Werder zieht weiß um das Fest und insbesondere die Leute, die sich ein teures Haus mitten in der historischen Altstadt auf der Insel leisten können, können auch zehn Tage das Fest ertragen. Wenn nicht, dann muss man hier ja schließlich nicht wohnen.* Die andere Seite könnte man ungefähr so zusammenfassen: *Das Fest hat sich immer verändert und war nicht immer so groß. Dass es heute so groß gemacht wird, hat vor allem damit zu tun, dass so viele Menschen so viel daran verdienen. Sie verdienen vor allem daran, dass die Leute sich über alle Maßen betrinken und dabei wird nicht mal darauf Rücksicht genommen, dass viele noch viel zu jung sind. Die Belästigungen sind nicht nur ärgerlich (wenn Menschen vor der Haustür Sex haben, sich übergeben oder prügeln), sondern durch die Sperrungen werden auch manche Menschen, die zum Beispiel auf ein Auto angewiesen sind, ihrer Mobilität komplett beraubt. Und das alles nur für den Profit.*

Diese Art der Gegenüberstellung hörte man in Ausschüssen genauso wie in Zeitungsartikeln und auch lautstark auf der ersten Informationsveranstaltung. Es ist ein klassisches Beispiel dafür, wie die Lautesten eine Debatte prägen können und so der Eindruck entsteht, alle Menschen würden entweder die eine oder die andere Meinung vertreten. Dazwischen scheint es nichts zu geben.

Tatsächlich gab es diese extreme Spaltung *nicht*, wie sich dann in den Umfrageergebnissen deutlich zeigte. Im Gegenteil: Kaum jemand sah das Fest ausschließlich positiv oder ausschließlich negativ. Stattdessen waren sich fast alle einig, dass das Fest bewahrt werden musste, gleichzeitig aber bestimmte „Nebenwirkungen" beseitigt werden mussten. Die ausführliche Auflistung vieler positiver wie negativer Aspekte des Festes in der Umfrage führte schließlich zu einem sehr differenzierten Bild darüber, was die Menschen in der Stadt an dem Fest für erhaltenswert hielten und was eben nicht.

Umfrage

Warum erst eine Umfrage und nicht direkt ein Bürger*innenrat? Das hat im Wesentlichen drei Gründe gehabt. 1. Wenn ich alle beteiligen kann, dann sollte ich auch alle beteiligen. 2. Gerade zu Anfang eines Beteiligungsprozesses fühlen sich Menschen leicht ausgeschlossen, das kann eine Zufallsauswahl auch begünstigen. 3. Die Zusammenkunft von Menschen in einer Veranstaltung macht dann Sinn, wenn auch etwas gemeinsam erarbeitet werden kann. Dies war zu diesem Zeitpunkt noch nicht gegeben, weil eine Grundlage fehlte. Stattdessen sollte die Umfrage eben als Diskussionsgrundlage für die Entwicklung des Festes dienen.

Es sind, wenn man so will, komplett unterschiedliche Anforderungen an das Verfahren in verschiedenen Phasen gegeben. Zu Beginn war es wichtig, dass möglichst alle in der Stadt ihre Meinung einbringen konnten. Aufgrund der angespannten Lage war eine Umfrage hier ein gutes Mittel, weil es eine stille und sehr gleichberechtigte Form der Teilhabe ermöglichte. Tatsächlich hatte dies auch den Effekt, dass die Äußerungen im öffentlichen Raum zurückgingen. Es schien fast so, als dass die Umfrage auch als Ventil genutzt wurde, um Dampf abzulassen. Dies sieht man insbesondere in den Freitexteingaben, die an verschiedenen Stellen getätigt werden konnten. Diejenigen, die extreme Positionen vertraten, drohten an dieser Stelle dann auch gerne damit, alle Ratten im Rathaus zu vergiften. Absolute Einzelfälle, die in einer Umfrage unter „ferner liefen" laufen, auf einer Veranstaltung aber Öl ins Feuer gießen.

Um die Verteilung von Meinungen statistisch abzugleichen, fand allerdings auch die Umfrage nochmal als Stichprobe unter ausgelosten Einwohner*innen statt. Zusätzlich wurden auch die Unternehmen Werders befragt. Am Ende nutze fast ein Viertel der erwachsenen Bevölkerung die Gelegenheit, sich zum Fest zu äußern. In einigen Altersgruppen lag die Quote bei über 40 Prozent.

Die Umfrage enthielt Fragen dazu, wie oft man die verschiedenen Teile des Festes bisher besucht hat, zu negativen und positiven Aspekten, zur Frage, welche Einschränkungen welche Akzeptanz fanden und schließlich auch zur grundsätzlichen Ausrichtung des Festes. Hierfür standen vier Varianten zur Verfügung. Ein Fest, das weitestgehend so bleibt wie bisher, eines, das nur in Höfen, Gärten und Plantagen stattfinden würde, eines, bei dem das Feiern in den Höfen, Gärten und Plantagen durch dezentrale Angebote im Stadtgebiet ergänzt würde und schließlich eines, bei dem ein neues Festgelände in den Plantagen für Rummel und Bühnen entstehen würde. Darüber hinaus konnten die Vorschläge zum zukünftigen Fest bewertet werden.

Die Ergebnisse gaben auf der einen Seite eine klare Richtung vor: Die meisten Menschen wünschten sich ein Fest, bei dem die Aktivitäten in den Höfen, Gärten und Plantagen durch dezentrale Angebote ergänzt wurden. Diese Variante war nicht nur die beliebteste, sondern auch unter denen, die sich eine andere Variante wünschten, jeweils immer die zweitplazierte. Außerdem wünschten viele, dass das Fest in die Hand von Vereinen und Stadt gegeben wurde, statt wie bisher von einem Unternehmen organisiert zu werden. Und dann zeigte sich, dass eine breite Mehrheit ein Fest wollte, das regionaler und nachhaltiger ist.

Gleichzeitig blieben viele Fragen unbeantwortet, allen voran, welche konkreten Angebote denn dezentral das Fest ergänzen sollten. Hierzu war nun der nächste Schritt vorgesehen: die Diskussion der Ergebnisse und Erarbeitung von konkreten Umsetzungsideen für das Fest in Workshops. Und an dieser Stelle kam dann auch das aufsuchende Losverfahren ins Spiel.

Ideen gemeinsam entwickeln – vielleicht sind die anderen doch nicht so doof?

Wie in Falkensee, beschloss ich auch in Werder wieder offene Workshops mit geschlossenen Zufallsauswahlen zu kombinieren. Da ich bei dem sehr emotionalen Thema aber unbedingt in kleinen Workshops mit maximal 30 Personen arbeiten wollte, um einen wirklichen Austausch und eine Annäherung zu ermöglichen, musste ich hier einen radikalen Schritt gehen und statt einer bzw. zwei Veranstaltungen insgesamt sechs planen. Dazu gehörte zunächst eine weitere kleinere Informationsveranstaltung zu den Ergebnissen der Umfrage. Diese fand an einem Montag statt. Im Anschluss fanden dann an dem direkt darauffolgenden Mittwoch, Donnerstag und Freitagabend drei gleichlaufende Workshops statt. Am Samstag und Montag folgten dann zwei Workshops mit ausgelosten Teilnehmenden. Grund hierfür war, dass ich neben einem Workshop mit gelosten Erwachsenen (ab 16 Jahren) noch einen spezifisch für Jugendliche und junge Erwachsene durchführen wollte (14–24 Jahre).

Es hatte sich in der Umfrage gezeigt, dass die größte Sorge der Werderaner*innen dem Alkoholmissbrauch unter Jugendlichen galt. Gleichzeitig wiesen sehr viele Beteiligte darauf hin, dass die allermeisten Jugendlichen einfach angemessen auf dem Fest feierten und man ihnen dies nicht nehmen sollte. Eine begründete Sorge im Prozess war daher, dass die negative Berichterstattung über alkoholisierte Jugendliche am Ende dafür sorgen würde, dass ein Fest entstand, das die Jugend nicht mehr berücksichtigte. Bei den offenen Workshops waren einige Jugendliche anwesend, mir war wie bei den Erwachsenen auch hier wichtig, mit einer Zufallsauswahl zu arbeiten.

Die Workshops waren so aufgebaut, dass nach einer kurzen Zusammenfassung der Umfrageergebnisse zunächst alle Teilnehmenden ganz frei für sich positive und negative Assoziationen zum Fest und dann konkrete Ideen für dezentrale Angebote im Sinne der grundsätzlichen Ausrichtung aufschreiben sollten.

Diese wurden dann gesammelt und gemeinsam geclustert, um im zweiten Schritt in Kleingruppen konkrete Vorschläge für das zukünftige Fest zu erarbeiten. Hierfür waren Steckbriefe vorbereitet, die ausgefüllt werden konnten. Es gab Gruppen mit bis zu 6 Personen, viele kleinere Gruppen sowie einige Personen, die zu zweit arbeiteten. In den offenen Workshops gab es natürlich Tendenzen, dass sich Menschen, die sich kannten, zusammensetzten. Dennoch fand auch hier eine Durchmischung statt, insbesondere auch zwischen Politik, Verwaltung und weiteren Einwohner*innen. So saßen auch mal ein Stadtverordneter, ein Anwohner und eine Verwaltungsmitarbeiterin an einem Tisch und machten sich Gedanken darüber, wie man mehr Regionalität auf dem Fest sicherstellen konnte.

So entstanden auf allen fünf Workshops zusammen etwas über 60 konkrete Vorschläge, die am Ende der Workshops durch alle Teilnehmenden noch ergänzt, kommentiert und bewertet wurden.

Inhaltlich unterschieden sich die Ideen dabei vor allem dahingehend, dass in den gelosten Gruppen Steckbriefe eher Ideen enthielten, die schon verschiedene Interessengruppen mit einbezogen, während in den offenen Workshops eher interessenspezifische Ideen aufgeschrieben wurden. Dies zeigte sich unter anderem in den Bewertungen der Vorschläge, die am Ende durch alle Teilnehmenden der jeweiligen Workshops erfolgten. Die Bewertungen wurden anhand von Schulnoten von eins bis sechs vergeben und diese Bewertungen fielen in der offenen Gruppe zwar auch überwiegend sehr positiv aus (die meisten Vorschläge waren besser als zwei bewertet worden), dennoch gab es hier durchschnittlich schlechtere Gesamtbewertungen als in den Zufallsauswahlen. Ich würde hier nicht so weit gehen zu sagen, dass die gelosten Teilnehmenden zwangsläufig gemeinwohlorientierter handelten, sondern denke, dass dies eher darauf zurückführen ist, dass es hier insgesamt eine höhere Bereitschaft gab, sich in den Kleingruppen auch auf andere Meinungen einzulassen und unterschiedliche Ideen zu integrieren.

Ein zweiter Unterschied lag im Erleben der Wirksamkeit. Hier gaben zwar in beiden Formaten fast alle Teilnehmenden in der Evaluation an, dass sie sich gut einbringen konnten und lobten die positive Atmosphäre und das konstruktive Arbeiten. Bei der Zufallsauswahl gab es aber gleich mehrere Personen, die betonten, sie seien auf dem Workshop mit Menschen in Kontakt gekommen, die sie anhand ihrer späteren Aussagen eigentlich in die Kategorie „Gegner*innen" gepackt hätten. Eine Teilnehmerin formulierte es stellvertretend etwa so: „Ich habe fast eine Stunde mit meinem Sitznachbarn eine Idee erarbeitet und wir haben wirklich gut zusammengearbeitet und es hat Spaß gemacht. Und jetzt grade haben wir uns noch ein bisschen unterhalten und festgestellt, dass wir eine komplett andere Einstellung zum Fest haben und uns eigentlich eher als 'Gegner' begriffen hätten, wenn wir hier nicht zusammengearbeitet hätten."

Die Diversität an Meinungen zeigte sich auch in der Zufallsauswahl bei den Jugendlichen sehr stark. Der Workshop fand zwar nur mit neun Teilnehmenden statt, dennoch war nicht eine einzige Schule mehrfach vertreten. Ein Schwerpunkt lag hier darauf, Alkoholmissbrauch zu reduzieren und gleichzeitig die Fahrgeschäfte und den Rummel zu stärken. Dabei traten eine Reihe von Aspekten in der Diskussion zutage, die bisher nie zur Sprache gekommen waren. Ein gutes Beispiel ist das

Preisverhältnis von alkoholischen Getränken auf der einen Seite und Fahrgeschäften auf der anderen Seite. So berichteten die etwas älteren Jugendlichen, dass sie ab einem gewissen Alter die Fahrgeschäfte selbst bezahlen mussten. Eine Fahrt mit den größeren Attraktionen kostet oft mehr als 8€. Gleichzeitig sei eine Flasche Obstwein für 5€ pro Liter zu bekommen. Es sei doch nicht verwunderlich, dass sich viele Jugendliche, gerade in Gruppen, dann eher das Weintrinken als Spaßfaktor annahmen, statt die Fahrgeschäfte zu nutzen. Und das Geld sei halt knapp. Die konkrete Idee, die nun entstand, war zum einen, dass für Fahrgeschäfte eine Staffelung der Preise nicht bei zwölf Jahren ansetzen sollte, weil für die Jüngeren ja eh deren Eltern zahlten, sondern gerade ein Rabatt für die etwas älteren Jugendlichen notwendig war. Zum anderen wurde ein Maximalpreis für nicht alkoholische Getränke bei gleichzeitigem Mindestpreis für alkoholische Getränke vorgeschlagen.

Interessanterweise war ein Vorschlag für einen Mindestpreis schon relativ lange im Gespräch gewesen und erhielt auch in der Umfrage großen Zuspruch, und das auch unter den Unternehmen.

Der Mindestpreis ist ein gutes Beispiel dafür, dass eine auf den ersten Blick relativ drastische Maßnahme überraschenderweise doch eine breite Mehrheit finden kann. Dies hatte voraussichtlich zwei Gründe. 1. Die Umfrage war anonym. Wäre der Vorschlag in einer öffentlichen Debatte vorgetragen worden, hätte die Trägheit der politischen Meinungsbildung unter Umständen dazu geführt, dass die Maßnahme, da sie per se als drastisch wahrgenommen wird, schnell polarisierende Meinungen hervorgebracht hätte, welche die Unentschlossenen unter sich begraben hätten. Nicht weil per se unterschiedliche politische Gruppen hierzu vorab schon eine starke Position hatten, sondern weil es eine Tendenz gibt, sich abzugrenzen. Hätten sich die einen für den Mindestpreis ausgesprochen, wären andere dazu aus Prinzip in Opposition gegangen. 2. Der Mindestpreis kam gleichzeitig aus verschiedenen Gruppen ins Gespräch. Während die Jugendlichen darin ein Mittel sahen, in Kombination mit anderen Preisbindungen, z. B. für nicht alkoholische Getränke oder Fahrgeschäfte, den Alkoholmissbrauch zu verringern, hatten die Obstweinhersteller*innen, aber auch viele andere Beteiligte, eine andere Intention: Wenn sowohl der billig zusammengepanschte Wein als auch der lokale hochwertige Obstwein den selben Preis hätten, würde man sich eben auch frei für gute Qualität entscheiden können.

Ein breit getragenes Konzept

Nach den Workshops wurden die gesamten Ergebnisse inklusive aller Kommentare auf der ersten Einnwohner*innenversammlung und die Umfrageergebnisse an einen Fachplaner für Veranstaltungen übergeben, der hieraus dann ein schlüssiges Basiskonzept erstellte. Um sicherzustellen, dass hiermit dann auch die Werderaner*innen ihre Vorschläge angemessen berücksichtigt fanden, gab es dann im Sommer 2020 eine letzte Überarbeitungsphase. Ursprünglich war hierfür eine öffentliche Vorstellung des Konzepts mit anschließendem Feedback geplant. Aufgrund der Coronabeschränkungen fand diese Phase dann nur online statt. Das gesamte Konzept konnte online kommentiert werden. Nach dieser letzten Überarbeitung wurde das Konzept schließlich in die Stadtverordnetenversammlung eingebracht. Was ein Jahr zuvor fast unmöglich erschien, fand nun ohne größere Diskussion statt. Das neue Konzept wurde mit breiter Mehrheit beschlossen. Als Teil des Beschlusses wurde auch ein dauerhaftes Begleitgremium eingerichtet, um auch langfristig die Beteiligung aufrechtzuerhalten und die Umsetzung der Ergebnisse des Beteiligungsverfahrens sicherzustellen.

Fazit

Zusammenfassend kann man sagen, dass das Beteiligungsverfahren zum Baumblütenfest die Stadt befriedet hat. Das klingt groß. Aber tatsächlich ist es durch das Verfahren gelungen, eine extrem angespannte politische Debatte, die drohte, Vorurteile gegenüber Alteingesessenen und Neuankömmlingen massiv zu verstärken, umzukehren und stattdessen mit der Erfahrung aus dem Prozess rauszugehen, dass Beteiligung funktionieren kann. Dass ich mich auch mit jemandem einigen kann, der oder die gänzlich anders über ein Thema denkt. Und dass dabei nicht zwangsläufig nur faule Kompromisse rauskommen müssen, sondern im Gegenteil, auch durchaus drastische und vor dem Verfahren für unwahrscheinlich gehaltene Maßnahmen wie ein Mindestpreis für alkoholische Getränke oder die Rückholung des Festes in eine rein städtische Tochtergesellschaft von einer breiten Mehrheit getragen wurden. Während in Falkensee die Beteiligung mit losbasierten Verfahren also vor allem innerhalb der Verwaltung und Politik das Vertrauen in demokratische Aushandlungsprozesse gestärkt hat, zeigt das Beispiel Werder, dass dies auch mit einer ganzen Stadt passieren kann.

Exkurs: der Zukunftsrat Werder

Der Zukunftsrat Werder ist ein Experiment, bei dem zugegebenermaßen nicht das Losen im Zentrum stand. Es kam zwar zum Einsatz, aber lediglich zur Bildung eines Organisationsteams rund um die Wahl des Zukunftshaushaltes. Dass ich es dennoch hier als Exkurs aufführe, hat damit zu tun, dass uns die Zufallsauswahl in einer spezifischen Situation sehr geholfen hat.

Aber erstmal von vorne: Als ich im Juli 2019 meine neu geschaffene Stelle in Werder begann, gab es bereits einen Beschluss zu einem Bürgerhaushalt in Höhe von 100.000 €. Neben dem Verfahren für das Baumblütenfest war es meine Aufgabe, hierfür ein Konzept zu erarbeiten. Guckt man sich die sehr vielen Bürger*innenhaushalte und Bürger*innenbudgets an, die in Deutschland bisher erprobt wurden, zeigt sich, dass die besten (das heißt die, die langfristig etabliert bleiben) eines gemeinsam haben: Dort, wo man mit dem Bürger*innenhaushalt ein klares Ziel verfolgt hat, funktioniert er auch.

Meine Herangehensweise war daher, zunächst diejenigen zu fragen, die ihn beschlossen hatten, welche Ziele damit verbunden waren. Insgesamt sprach ich mit allen außer einer Fraktion der Stadtverordnetenversammlung. Gleich in mehreren Gesprächen kam die Idee auf, den Bürger*innenhaushalt doch vielleicht mit der immer wieder geforderten Kinder- und Jugendbeteiligung zu kombinieren. In einem Gespräch kam der konkrete Vorschlag, doch einen Teil des Geldes explizit für Kinder- und Jugendprojekte zu verwenden. Dabei hatte ich aber ein etwas merkwürdiges Gefühl. Es würden dann, wie so oft, eben Erwachsene über Projekte von Kindern und Jugendlichen entscheiden. Und so entstand die Idee, den Spieß umzudrehen. Nicht Erwachsene entscheiden über Kinder- und Jugendprojekte, sondern Kinder und Jugendliche entscheiden über Projekte, die sie selbst oder Erwachsene vorgeschlagen haben.

Entgegen meiner Erwartungen wurde die Idee in der Verwaltung sehr positiv aufgenommen. Der Aufwand wurde zwar als hoch eingestuft, aber dafür gab es ja schließlich meine Stelle. Außerdem war die Idee überzeugend, da seit 2018 die Kommunalverfassung des Landes Brandenburg eine Beteiligung von Kindern und Jugendlichen auch einfordert und hier nun eine sehr konkrete Umsetzung möglich war. Zur Umsetzung wurde noch die Fachstelle Kinder- und Jugendbeteiligung Brandenburg hinzugezogen und in einem nächsten Schritt wurden dann alle Schulen der Stadt eingebunden. Denn klar war auch, dass eine Wahl von allen Kindern und Jugendlichen auf einer vorhandenen Infrastruktur aufbauen musste. Darüber hinaus ist die Selbstselektion in Bezug auf politische Teilhabe unter Kindern sogar noch stärker ausgeprägt als bei Erwachsenen, wenn diese Teilhabe nicht direkt über die Schule ermöglicht wird.

Nachdem die Schulen eingebunden waren, wurde das Konzept zum Zukunftshaushalt ohne Gegenstimmen im Mai 2020 beschlossen. Sofort daran anschließend begann die Vorschlagsphase, da das Verfahren auch trotz Corona bis zum Ende 2020 abgeschlossen sein musste, weil alle geförderten Projekte im Jahr 2021 umgesetzt werden mussten. Das Einreichen geschah über eine Onlineplattform und insgesamt wurden so 63 Vorschläge eingereicht, die anschließend auf Umsetzbarkeit seitens der Verwaltung geprüft wurden.

Nun kam aber die eigentliche Herausforderung: Kaum ein Vorschlag war so formuliert, dass ein Zehnjähriger (die Schulen hatten empfohlen, in den ersten drei Klassen noch nicht zu wählen) ihn einfach verstehen konnte. Um den nächsten Schritt zu gehen und alle Vorschläge so umzuformulieren, dass sie verständlich wurden, wurde der Zukunftsrat per Los gebildet. Dieser sollte außerdem die Wahl mit vorbereiten sowie über das Wahlprozedere entscheiden, also z. B. über die Frage, wie viele Stimmen jeder Schüler und jede Schülerin vergeben durfte, ob kumuliert werden durfte und wie die Wahlunterlagen gestaltet werden sollten.

Im Überholmanöver zu mehr Verständlichkeit

Nun könnte man einwenden, dass in einem solchen Fall, wo doch die Schulen eh schon so stark eingebunden waren, hier die Schülersprecher*innen auch den Zukunftsrat hätten bilden können. Das hätte auch insofern Sinn ergeben, als dass es die Position dieser gestärkt hätte. Und nun kommen wir zurück zum Losen und zwei Vorteilen, die noch kaum erwähnt wurden. 1. Das Los als Garant für Verständlichkeit und 2. Das Los als Überholmanöver. Was ist damit gemeint?

Hätte ich den Zukunftsrat aus Schülervertreter*innen gebildet, dann hätten sie wahrscheinlich die Texte weniger stark verändert als es in der Zufallsauswahl der Fall war. Denn hier waren eben auch Kinder, die gerade nicht zu den Besten gehörten und noch die Zusatzkapazität für die Position der Klassensprecher*innen mitbrachten. Stattdessen waren eben Schülerinnen und Schüler da, die auch ganz offen sagten, wenn sie einen Text überhaupt nicht verstanden. Das unterschiedliche Textverständnis sorgte so dafür, dass auch für die spätere Wahl sichergestellt war, dass eben möglichst viele Schülerinnen und Schüler die überarbeiteten Texte verstehen würden. Dieser Aspekt ist nicht auf die Zufallsauswahl bei Jugendlichen beschränkt, sondern ein genereller Vorteil von gelosten Gruppen: Die Ergebnisse spiegeln nicht nur besser das wieder, was alle Nichtanwesenden wollen, sondern sind auch so formuliert, dass mehr Menschen sie verstehen.

Und was ist nun mit dem Überholmanöver? Die Schulen waren in dieser Zeit so stark mit der Corona-Pandemie beschäftigt, dass ich versuchen wollte, ihnen alles an Arbeit abzunehmen, was möglich war, damit das Verfahren nicht an den Kapazitäten in den Schulen scheitern würde. Für mich war es relativ unkompliziert, sehr kurzfristig ein gelostes Gremium zu bilden, ohne dass die Schulen mehr tun mussten, als den ausgelosten Kindern und Jugendlichen dann den entsprechenden Tag frei zu geben. Und auch dieser Aspekt wird selten thematisiert. Sind die Rahmenbedingungen erst einmal gegeben und weiß ich, worauf ich bei der Zufallsauswahl, bei Anschreiben etc. achten muss, kann ich ein gelostes Gremium sehr kurzfristig einrichten und es ermöglicht mir dennoch eine hohe Legitimität und Vielfalt.

Losverfahren als Lernfelder für Demokratie

Der Zukunftshaushalt hat drei wesentliche Ziele: Erstens Gelder bereitzustellen für gute Projekte. Zweitens die Beteiligung von Kindern und Jugendlichen zu stärken und ein Lernfeld für Demokratie zu sein und drittens ist er ein Indikator dafür, wie die zukünftige Generation ihre Prioritäten setzt. Gerade für das zweite Ziel ist der Zukunftsrat essentiell. Denn er macht deutlich, dass es neben der Wahl von Vorschlägen eben auch zu einer Demokratie gehört, das irgendjemand diese Wahlen vorbereiten muss, die Durchführung sicherstellt und dass die Regeln der Demokratie immer wieder ausgehandelt werden müssen. Bis jetzt hat sich gezeigt, das Kinder und Jugendliche dazu sehr gut in der Lage sind. Auch in einem gelosten Gremium mit 12–18-Jährigen. Das sollte uns Mut machen, dieser Altersgruppe öfter mal das Zepter in die Hand zu geben. In Werder hat es sich jedenfalls gelohnt.

Die repräsentative Demokratie neu anfeuern – die Wahlkreisräte in zwei Berliner Wahlkreisen 2021

> *„Ich habe das erste Mal die Möglichkeit, die Politik aktiv mitzugestalten. Das fühlt sich gut an!“* – Cemal D.

Im Sommer 2019 kontaktierte mich, Linus, die Initiative *Es geht LOS*, um über die konkreten Erfahrungen mit Zufallsauswahl in Falkensee zu sprechen. Schnell wurde deutlich, dass wir an einem gemeinsamen Ziel interessiert sind: geloste Bürger*innenbeteiligung in Deutschland bekannter und vor allem besser zu machen. In der sich entwickelnden Zusammenarbeit war es mir wichtig, dass neben dem großen Ziel, einen nationalen Bürger*innenrat mit Unterstützung der Politik zu etablieren, auch kleinere Formate entwickelt werden. Meine Erfahrung ist, dass Menschen ihre Meinung kaum aufgrund von Argumenten ändern, sondern meist aufgrund von Erfahrungen. Und dafür braucht es mehr als einzelne Großprojekte wie einen nationalen Bürger*innenrat. Im Idealfall sollten möglichst viele Menschen, darunter auch möglichst viele politische Mandatsträger*innen, geloste

Bürger*innenbeteiligung direkt erleben. Das deckt sich mit dem Anspruch von *mehr als wählen e. V.* in Frankfurt am Main, Demokratie auch lokal erfahrbar zu machen.

Gleichzeitig ist es seit Jahren ein Anliegen von mir gewesen, den repräsentativen Charakter unserer Demokratie zu stärken. Letztlich leben wir in einem System, das neben der Parteienlandschaft und ihren Meinungsbildungsverfahren immer noch auch ein repräsentatives System ist, in dem jeder Mensch durch eine Person im Parlament direkt vertreten ist.

Aus dem Wunsch eines kleinen, aber skalierbaren Formats für geloste Beteiligung einerseits und dem starken Gefühl einer mangelnden Bedeutung des repräsentativen Charakters von Abgeordneten andererseits, entstand in einem Gespräch mit Ilan Siebert, Marek Wallenfells und Joachim Haas die Idee der Wahlkreisräte. Die Idee ist denkbar simpel und hat mich nicht mehr losgelassen: Was, wenn es selbstverständlich wäre, dass Bundestagsabgeordnete sich regelmäßig zu Themen, über die sie im Bundestag abstimmen, Feedback aus einer gelosten Gruppe aus ihrem Wahlkreis einholen würden? Welche Bedeutung hätte es für große Vorhaben wie nationale Bürger*innenräte, wenn die Abgeordneten des Bundestages geloste Beteiligungsformate selbst schon direkt erlebt hätten? Und wäre es eventuell auch hilfreich, wenn Politik, die ja meist ein hochgradig unmoderierter Prozess ist, neue Formen der Moderation und Prozessgestaltung immer wieder in kleinen Formaten erproben kann, um sie dann auch für sich selbst zu entdecken?

Wir schließen diesen Abschnitt der Praxisbeispiele mit den Wahlkreisräten, denn für uns bildet das Format in gewisser Weise die Kulmination unserer bisherigen Erfahrungen und Ideen dazu, wie sich die repräsentative Demokratie weiterentwickeln kann. Und es ist für uns auch eine Antwort auf die Frage, was es nach Corona braucht, um wieder einen besseren Kontakt zwischen Menschen, die in dieser Krise Vertrauen verloren haben, und dem neuen Bundestag, der diese Menschen ab Oktober 2021 repräsentiert, herzustellen.

Hinzu kommt, dass es das erste Mal war, dass wir unser Verfahren extern evaluieren ließen. Während wir bisher also vor allem aus unserer eigenen Wahrnehmung der eigenen Verfahren heraus berichtet haben, werden wir uns in diesem abschließenden Praxisbeispiel stark aus der externen Evaluation bedienen, die unter anderem auch die Effekte des aufsuchenden Losverfahrens im Verhältnis zu einem klassischen zweistufigen Verfahren ins Visier genommen hat.

Die Piloten in Steglitz-Zehlendorf und Friedrichshain-Kreuzberg – Prenzlauer Berg Ost

Um den Wahlkreisrat zu erproben, hatten wir uns mit der Initiative *Es geht LOS* das Ziel gesetzt, zunächst drei Piloten durchzuführen und das Format dann ggf. anzupassen, ehe wir es als breitentaugliches Format nach der Bundestagswahl 2021 dann allen Bundestagsabgeordneten anbieten wollten.

Bei der Auswahl der Piloten war uns wichtig, insbesondere drei unterschiedliche Parteien vertreten zu haben. Um das Konzept zu erproben war es uns darüber hinaus wichtig, dass die Wahlkreise nicht in vielen Gebietskörperschaften liegen, sodass eine realistische Chance bestand, auch die Melderegisterdaten zu bekommen. Aus unserer Sicht ist, wenn sich das Format etabliert hat beziehungsweise erprobt ist, eher davon auszugehen, dass Melderegisterauskünfte hierfür auch erteilt werden, während dies in der Erprobung schwieriger ist und daher eben solche Wahlkreise ausgesucht wurden, in denen der Wahlkreis durch maximal zwei Melderegisteranfragen abgedeckt werden konnte. Dementsprechend haben wir im Sommer 2020 ca. 40 Abgeordnete des deutschen Bundestages angeschrieben und schließlich nach einigen Rückmeldungen mit drei Abgeordneten die Durchführung von Piloten vereinbart. Zum einen mit Thomas Heilmann (CDU) für den Wahlkreis Steglitz-Zehlendorf in Berlin (im Folgenden auch Wahlkreis 79), dann mit Helge Lindh (SPD) für den Wahlkreis Wuppertal 1 und schließlich mit der einzigen Grünen Bundestagsabgeordneten mit Direktmandat Canan Bayram für den Wahlkreis Friedrichshain-Kreuzberg – Prenzlauer Berg Ost in Berlin (im Folgenden auch Wahlkreis 83).

Aufgrund der Covid-19-Pandemie fanden die Wahlkreisräte in den beiden Berliner Wahlkreisen schließlich online statt. Der Wahlkreisrat in Wuppertal konnte nicht stattfinden, da die Meldedaten nicht zur Verfügung gestellt wurden.

Der Wahlkreisrat Steglitz-Zehlendorf

Im Sommer 2020 führten wir als *Es geht LOS* mit dem Büro des MdB Thomas Heilmann ein erstes Gespräch, um über einen Pilotwahlkreisrat zu sprechen. Auf Vorschlag des Abgeordneten wurden statt eines Piloten zwei geplant. Diese sollten inhaltlich gleich ablaufen, sich aber im Losverfahren unterscheiden. Für den ersten Wahlkreisrat wurde das aufsuchende Verfahren angewandt, für den zweiten dann ein klassisches zweistufiges Losverfahren. Ziel war es, herauszufinden, ob das Auswahlverfahren die Zusammensetzung maßgeblich beeinflusst. Da es in diesem Buch genau um diese Frage geht, widmen wir den Ergebnissen der Evaluation hierzu ein eigenes Unterkapitel. Hier wollen wir zunächst den Ablauf der Wahlkreisräte beschreiben.

Vorgesehen waren die Wahlkreisräte zunächst für Anfang Dezember 2020. Mit dem Ziel, die Veranstaltungen in Präsenz im Bundestag durchzuführen, wurden die Veranstaltungen aufgrund der Pandemielage zunächst auf das Frühjahr 2021 verlegt. Als auch dies nicht möglich war, wurde der spätest mögliche Termin gesucht, der noch vor den Sommerferien in Berlin ermöglicht werden konnte und in ausreichendem Abstand zur Bundestagswahl stand. So fanden letzlich die beiden Wahlkreisräte am 12. und 13. Juni 2021 statt. Als auch im Mai die Pandemielage noch angespannt war, wurde schließlich doch auf ein digitales Format umgeschwenkt.

Für die Umsetzung des Onlineformats wurde ein kleines Studio im Bundestag eingerichtet, aus dem die beiden Hauptmoderator*innen durch den Tag leiteten. Alle Teilnehmenden nahmen per Zoom teil. Einige wurden hierzu mit der notwendigen Technik von *Es geht LOS* ausgestattet und es gab einen eigenen Techniksupport, der zu einzelnen Menschen nach Hause kam oder Online-Sprechstunden abhielt, um im Vorfeld alles zu erklären. Die meisten Diskussionen fanden in moderierten Kleingruppen statt, die in zufällig zugeordneten Break-Out-Rooms auf der Online-Konferenz-Software Zoom realisiert wurden. Der Abgeordnete war als Gast im Studio und/oder auf einem eigenen

Rechner auf Zoom anwesend. Pressevertreter*innen konnten als stille Beobachter*innen ebenfalls per Zoom teilnehmen.

Themenfindung und Themenaufbereitung

Die Idee der Wahlkreisräte ist, dass Abgeordnete Feedback zu Themen bekommen, die erstens bundespolitische Relevanz haben, d. h. dass Fragen hierzu tatsächlich auch im Bundestag diskutiert und abgestimmt werden. Und dass zweitens Themen behandelt werden, bei denen die Abgeordneten auch ein tatsächliches Interesse an Feedback haben, also nicht schon festgefahrene Meinungen oder Haltungen haben (für die sie unter Umständen auch gewählt wurden). Dadurch soll sichergestellt werden, dass das, was in einem Wahlkreisrat erarbeitet wird, auch tatsächliche Wirkungsmacht entfalten kann. Drittens sollen die Themen auch im Alltagsgeschehen der Teilnehmenden Relevanz besitzen.

Beim Wahlkreisrat 79 wurden von uns mehrere Themen vorgeschlagen, die eine Vielfalt an bundespolitischen Themen darstellen. In Abstimmung mit dem Büro des MdB entschieden wir uns schließlich für das Thema „Mobilität und Verkehr". In diesem Themenbereich gibt es einerseits eine Vielzahl an bundespolitischen Stellschrauben, gleichzeitig hatte der Abgeordnete hier ein tatsächliches Interesse am Austausch und schließlich ist das Thema eines, das eine hohe Alltagsrelevanz hat.

Nach Festlegung des Themas wurden durch ein kleines Team innerhalb von *Es geht LOS* Interviews mit führenden Wissenschaftler*innen geführt. Hierzu wurden Gespräche mit

Mitarbeiter*innen des Center for Responsible Research and Innovation der Fraunhofer-Gesellschaft (CeRRI), dem Wissenschaftszentrum Berlin für Sozialforschung (WZB) und dem Deutschen Zentrum für Luft- und Raumfahrt (DLR) geführt.

Diese Gespräche dienten mehreren Zwecken. Erstens sollte so das Thema weiter eingegrenzt werden und auf einige wesentlich zu diskutierende Punkte heruntergebrochen werden. Zweitens sollte eine Sammlung an Begleitinformationen für den Wahlkreisrat entstehen und drittens sollte, nach der Aufbereitung der Informationen in einem Begleitheft für die Teilnehmenden, dieses durch mehrere unabhängige wissenschaftliche Institutionen geprüft werden.

Die Arbeit mit den Wissenschaftler*innen stellte sich als sehr ergiebig dar. Sie halfen maßgeblich, die bundespolitischen Stellschrauben zu identifizieren und wichtige Fragen zu formulieren. Das Thema lautete schließlich: „Mobilität der Zukunft: Spannungsfeld Klima, individuelle Freiheit, soziale Gerechtigkeit".

In einem Begleitheft,[89] das allen Teilnehmenden zusammen mit einem kleinen Begleitpaket zugeschickt wurde, wurde der Ablauf des Tages, die bundespolitischen Stellschrauben, und für drei Themenbereiche jeweils wissenschaftliche Fakten und Grafiken dargestellt. Nach einer Seite mit Informationen folgte immer eine Seite mit Standpunkten, die typischerweise im Spannungsfeld (dargestellt als ein Dreieck) Klimaschutz, soziale Gerechtigkeit und individuelle Freiheit angesiedelt werden konnten. Hier war dann auch Platz für die Teilnehmenden, sich im Heft Notizen zu machen. Schließlich bot das Heft noch ein Glossar, ein Quellenverzeichnis und Platz für generelle Notizen.

Prozessdesign und Ablauf

Das Prozessdesign stand vor der Herausforderung, ein relativ komplexes Thema an einem einzigen Tag so zu bearbeiten, dass hierbei tatsächlich sinnvolle Empfehlungen herauskamen. Und dies unter der Prämisse, dass die Teilnehmenden sich im Vorfeld mit dem Thema noch nicht befasst hatten und die Zusammensetzung der Teilnehmenden eben sehr vielfältig war.

Eine weitere Herausforderung war es, einerseits einen geschlossenen Diskussions- und Arbeitsraum zu schaffen, in den der oder die Abgeordnete nicht „eingreifen“ kann, gleichzeitig aber auch für Pressevertreter*innen und Abgeordnete eine Transparenz herzustellen, wie die Ergebnisse entstanden sind.

Wir haben das Prozessdesign schließlich von folgenden Zielen abgeleitet: Erstens konstruktiven Austausch über Lebensrealitäten und Meinungen ermöglichen, zweitens Gemeinsamkeiten identifizieren und Konflikte aktiv bearbeiten, drittens konkrete Empfehlungen erarbeiten.

Zu Beginn des Tages gab es eine kleine Kennenlernrunde, dann wurden in rotierenden und zufällig zusammengesetzten Gruppen unter einer Moderation Sichtweisen auf die Themen „Wer bewegt sich wie viel?“, „Negative Effekte von Verkehr“ und „Neue Mobilitätskonzepte“ ausgetauscht. Dabei ging es bewusst noch nicht um die Erarbeitung von Lösungen, sondern um den Austausch von Perspektiven. Hierzu wurde das oben genannte Heft als Leitfaden genutzt. In den Gruppen wurde eine Technik angewandt, die Linus auch in den kommunalen Prozessen immer wieder genutzt hat. Zunächst wurde das Thema kurz durch die

Moderation erklärt und Verständnisfragen geklärt. Danach waren die Teilnehmenden aufgerufen, sich im Stillen eigene Positionen und Gedanken aufzuschreiben. Diese wurden dann der Reihe nach in der Gruppe geteilt und schließlich fand ein offener Austausch in der Gruppe hierzu statt. Nachdem dieses Vorgehen zu allen Themen stattgefunden hatte, gab es einen Austausch im Plenum dazu.

In der Mittagspause hatten die Teilnehmenden die Möglichkeit, sich entweder ganz aus der Veranstaltung herauszunehmen oder aber einer Tour durch den Bundestag zu folgen, die live per Zoom übertragen wurde. Eine Auswahl an Mittagessen und Snacks war Teil des Begleitpakets für die Teilnehmenden.

Nach der Mittagspause ging es darum, konkrete Maßnahmen zu erarbeiten und zu diskutieren, die auf Bundesebene entschieden werden müssten. Hierzu wurden zunächst die Stellschrauben präsentiert. Hier wendeten wir nun eine Methode an, bei der sich zunächst jede Person alleine Maßnahmen überlegt, welche dann in kleinen Gruppen mit einzelnen anderen Personen zusammen besprochen und anschließend in einer von vier moderierten Kleingruppen die Maßnahmen zusammengeführt, diskutiert und abgestimmt werden.

Um eine nachvollziehbare und leicht verständliche Visualisierung zu erreichen, haben wir mit einer Art Zielscheibendiagramm gearbeitet. Im Zentrum gab es einen Kreis, in dem Vorschläge platziert wurden, die Konsens waren. Darum gab es einen Kreis, in dem Vorschläge platziert wurden, die eine breite Mehrheit befürwortet hat, und schließlich gab es einen dritten Kreis mit strittigen Vorschlägen. Die Moderation jeder Gruppe hat die

Vorschläge in einem von vier „Kuchenstücken" der Zielscheibe eingetragen. So konnte im Nachgang nachvollzogen werden, aus welcher Gruppe ein Vorschlag kam und wie er in der Gruppe bewertet wurde. Vorschläge, die in verschiedenen Gruppen aufkamen, wurden teilweise in den Gruppen unterschiedlich eingeordnet. So gab es eine Gruppe, die das Tempolimit als Konsens eintrug, eine andere lediglich als breite Mehrheit.

Nachdem diese Arbeit beendet war, wurden die Ergebnisse im Plenum vorgestellt. Hierzu wurde nun der Abgeordnete Thomas Heilmann per Zoom zugeschaltet. Nach der Präsentation konnte er eine erste Reaktion zu den Ergebnissen abgeben.

Danach gab es noch eine Feedbackrunde und der offizielle Teil des Wahlkreisrates wurde beendet. Allerdings wurden nun noch drei Break-Out-Rooms geöffnet, in denen ohne Moderation ein weiterer Austausch möglich war. Ein Raum wurde für den direkten Austausch mit dem Abgeordneten geöffnet, ein Raum stand den Pressevertreter*innen zur Verfügung, so dass Teilnehmende, die zu entsprechenden Gesprächen bereit waren, sich hier dazuschalten konnten, und schließlich gab es noch einen Raum, in dem sich die Mitglieder von *Es geht LOS* für Fragen zur Verfügung stellten.

Ergebnisse

Die Ergebnisse der beiden Wahlkreisräte in Steglitz-Zehlendorf lassen sich in zwei Bereiche einordnen: erstens inhaltliche Ergebnisse, zweitens Ergebnisse in Bezug auf das Format. Auf zweitere werden wir im Abschnitt zur Evaluation noch näher eingehen. Hier sollen erstmal nur die Ergebnisse inhaltlicher Art kurz wiedergegeben werden.[90]

Es gab drei Bereiche, in denen sich die Teilnehmenden weitestgehend einig waren und in die viele der konsensfähigen Vorschläge eingeordnet werden können: 1. öffentlichen Verkehr viel stärker zu fördern und auszubauen, um attraktive Alternativen zum Privatauto zu schaffen, 2. Subventionen zukunftsweisend einsetzen, insbesondere keine Subventionen mehr für PKW und Flugverkehr, 3. schnelleres Handeln in der Verkehrswende. Weniger Einigkeit bestand bei der grundsätzlichen Frage, ob Förderung und Anreize oder Verbote notwendig sind, um insbesondere eine klimagerechtere Mobilität sicherzustellen. Insgesamt gab es eine sehr große Bandbreite von Ideen, die von der Parkraumbewirtschaftung bis hin zu Unternehmensstrukturen von Verkehrsunternehmen reichten. Die Vielfalt der Ideen spiegelte dabei die sehr unterschiedlichen Lebensrealitäten wider.

Der Wahlkreisrat Friedrichshain-Kreuzberg – Prenzlauer Berg Ost

Der Wahlkreisrat Friedrichshain-Kreuzberg – Prenzlauer Berg Ost ist ein in vielerlei Hinsicht außergewöhnlicher Wahlkreis. Wie schon der Name sagt, ist es ein Wahlkreis, der nicht nur in einem Berliner Bezirk verortet ist. Grund ist, dass der Bezirk Friedrichshain-Kreuzberg trotz seiner Größe aufgrund des hohen Anteils an Menschen ohne Wahlrecht keine ausreichend große wahlberechtigte Bevölkerung aufweist. Daher wurden dem Wahlkreis einige Straßenzüge aus dem Stadtgebiet Prenzlauer Berg zugeordnet. In Bezug auf die Bevölkerung ist der Wahlkreis

83 einer der größten und auch jüngsten Wahlkreise in Deutschland, mit einem besonders hohen Anteil an Menschen mit Migrationshintergrund. Gleichzeitig ist es einer der flächenmäßig kleinsten Wahlkreise. Und schließlich war er bis zur Bundestagswahl 2021 der einzige Wahlkreis, in dem das Direktmandat von einer Grünen Abgeordneten (Canan Bayram) gewonnen wurde.

Der Wahlkreisrat lief weitestgehend so ab wie bereits für Steglitz-Zehlendorf beschrieben. Daher gehen wir hier nur auf ein paar Unterschiede ein.

Zum einen fand der Wahlkreisrat nur einmal statt, mit dem von uns präferierten aufsuchenden Losverfahren. Zum anderen widmeten wir uns hier einem anderen Thema: „Mein Raum, dein Raum, unser Raum: Wie können wir die Zukunft unserer Stadt fair, lebenswert und nachhaltig gestalten?“ Wir haben hier also ein wesentlich spezifischeres Thema gewählt.

In Bezug auf das Prozessdesign gab es nur wenige unwesentliche Unterschiede zum oben beschriebenen Vorgehen, insgesamt gab es aber insbesondere beim Thema Wohnen wesentlich stärkere Meinungsunterschiede. Interessanterweise waren sich am Ende des Tages dennoch alle Teilnehmenden einig, dass das Thema rund um privaten Raum starken politischen Handlungsbedarf hat. Insbesondere die soziale Gerechtigkeit stand hier im Fokus. So wurde beispielsweise vorgeschlagen, dass bei der Besteuerung von Immobilienkäufen differenziert wird zwischen denen, die ihr erstes Haus/ihre erste Wohnung kaufen und denen, die Wohnraum nicht für sich selbst kaufen. Auch bestand Einigkeit darin, dass Wohnraumspekulation vorgebeugt werden muss. In Bezug auf den öffentlichen Raum und die Qualität dessen bestand

Einigkeit darin, dass Grünflächen stärker in den Fokus genommen werden müssen und hierbei auch eine geteilte Verantwortung von Anwohnenden und Gemeinden denkbar ist. Dazu gehört auch eine stärkere Beteiligung, um dies zu ermöglichen. Verkehr wurde als untrennbarer Bestandteil des öffentlichen Raumes angesehen, der Flächenverbrauch sollte sich jedoch stärker daran orientieren, welche Art von Verkehr vorherrscht und neue Flächen vorrangig nachhaltigen Verkehrsarten vorbehalten sein.

Was haben uns die Wahlkreisräte gezeigt? Unsere Erfahrungen, Feedback und Evaluation der Piloten

Erfahrungen mit dem aufsuchenden Verfahren im Vergleich zu kommunalen Verfahren

Zunächst lässt sich festhalten, dass die Rücklaufquote und auch die Quote derer, die sich durch das Aufsuchen haben gewinnen lassen, ähnlich waren, wie die in den kommunalen Prozessen in Falkensee und Werder (Havel). So gab es vor dem Aufsuchen eine Quote von ca. 10 Prozent Rückmeldungen und anschließend ca. 20 Prozent.

Gerade in den Gesprächen zeigten sich aber auch Unterschiede zu den kommunalen Verfahren. Dazu zählte:

1. Es gab eine Reihe von Menschen, die sich angesichts der Covid-19-Pandemie entschieden haben, nicht teilzunehmen. Dies ist aber natürlich kein Faktor, zu dem wir einen

kommunalen Vergleich anstellen können, da zeitgleich kein kommunales Verfahren durchgeführt wurde.

2. Anders als in kommunalen Prozessen war es nicht immer leicht für die Angeschriebenen, zu verstehen, worum es genau ging, beziehungsweise welchen Einfluss der Wahlkreisrat auf konkrete Entscheidungen haben würde. Dies liegt in der Natur der Sache, da in den kommunalen Verfahren anlassbezogene Verfahren zu konkreten Entscheidungen der Stadtverordneten stattfanden, es im Wahlkreisrat aber um einen Themenkomplex an sich ging und die bundespolitischen Stellschrauben in Bezug darauf. Dies macht deutlich, was auch wissenschaftlich belegbar ist, nämlich, dass das Interesse, sich zu beteiligen, dann am höchsten ist, wenn mit einer Einwirkung auf eine möglichst konkrete Entscheidung zu rechnen ist.

3. Für einige Ausgeloste kam eine Teilnahme deshalb nicht infrage, weil sie sich explizit gegen die Partei des oder der Abgeordneten aussprachen. Anders als auf kommunaler Ebene, wo das Verfahren durch alle Stadtverordneten getragen wird, gibt es durch die Parteizugehörigkeit des oder der Abgeordneten zumindest für einige Menschen eine direkte Verbindung auch zu eben dieser Partei, die eine Teilnahme beeinflusst.

Insbesondere der letzte Punkt führt uns zurück zur Frage, wie heute eigentlich Repräsentation funktioniert und verstanden wird. Die bekannten Vorbehalte zeigten sich ausschließlich unter älteren Menschen. Unter Umständen ist hier das Denken im klassischen Repräsentationssinn noch viel stärker vorhanden als bei Jüngeren. Um dieser Frage nachzugehen, bedürfte es jedoch einer gezielten Forschung.

Ergebnisse der Evaluation: Welche Effekte hatte die Teilnahme an einem Wahlkreisrat?

In Beteiligungsverfahren sind diejenigen, die den Prozess durchgeführt haben, meistens begeistert von den Ergebnissen. Wir haben in diesem Buch vor jedes Kapitel ein Statement gestellt. Diese Statements stammen alle von Teilnehmenden der Wahlkreisräte und zeigen beispielhaft, wie das Format wahrgenommen wurde. Neben der eigenen Wahrnehmung und Statements, die in einem offenen Feedback gegeben werden, war uns war bei der Pilotierung der Wahlkreisräte als neues Format eine unabhängige Evaluation anhand anonymisierter Fragebögen aber besonders wichtig. Hierfür wurde das Büro *e-fect dialog evaluation consulting eG* beauftragt, die die Teilnehmenden vor und nach den Veranstaltungen befragt hat. Dabei ging es um mehrere übergeordnete Fragen. Zum einen um die Unterschiede zwischen dem aufsuchenden Losverfahren und dem zweistufigen Losverfahren. Zu diesem Aspekt kommen wir später. Dann ging es aber auch darum, inwieweit das Format als solches funktioniert hat? Kann man an nur einem Tag zu sinnvollen Ergbnissen kommen? Wie nehmen die Menschen die Diskussionen und die anderen Teilnehmenden wahr? Und welche Effekte hat das Verfahren z. B. auf die Einstellung gegenüber Politik, Bürgerbeteiligung und der eigenen Wirksamkeitserfahrung?

Bei der Qualität des Prozesses zeigt sich, dass die Teilnehmenden überwiegend sehr zufrieden mit dem Wahlkreisrat und den darin genutzten Methoden waren. Auch bei der Frage, ob das Ergbnis schon vorbestimmt war, war sich die Mehrheit einig, dass dies nicht der Fall war. Etwa die Hälfte der Teilnehmenden gab an, dass sich die eigene Meinung zumidest auch ein bisschen geändert hat, eine breite Mehrheit hat duch den Wahlkreisrat etwas gelernt.

Wesentlich überraschender waren die Ergebnisse in Bezug auf die Frage, ob sich durch den Wahlkreisrat die Einstellung zu Beteiligung und Demokratieverständnis geändert hat. Hier zeigte sich in der Evaluation eine deutliche Veränderung:

> „Die Teilnahme am WKR stärkt deutlich die Absicht, sich politisch zu beteiligen, das Vorstellungsvermögen für eine demokratischere, solidarischere und sozialökologisch gerechtere Gesellschaft sowie das Vertrauen in die politische Kompetenz der Mitmenschen. Es zeigt sich ebenfalls ein klarer Trend zu einem stärkeren politischen Wirksamkeits- und Einflusserleben, einer höheren Identifikation als aktives Mitglied der Gesellschaft und der Überzeugung, dass politische Beteiligung vereinfacht werden sollte.“ [91]

Dieses Ergebnis ist für einen eintägigen Workshop durchaus bemerkenswert und zeigt auf, welches Potenzial auch in kurzen Formaten liegt.

Das aufsuchende Verfahren im Vergleich zum klassischen zweistufigen Verfahren

Neben der Erprobung eines gänzlich neuen Beteiligungsformates wollten wir gerade mit den beiden Wahlkreisräten in Steglitz-Zehlendorf auch untersuchen, inwieweit es einen Unterschied macht, ob mit einem klassischen zweistufigen Verfahren gearbeitet wird oder mit einem aufsuchenden Verfahren, wie Linus es in Falkensee und Werder entwickelt hat.

Tatsächlich hat sich bei den Vorher-Nachher-Berfragungen kein wesentlicher Unterschied ausmachen lassen. Oder anders formuliert: Die Effekte, die ein Wahlkreisrat bei Menschen hat, zeigen sich in beiden Gruppen.

Anders ist es allerdings bei der Frage, ob sich die Gruppen unterscheiden und worin der Unterschied besteht. Wen erreichen wir mit welcher Methode? Hier unterschieden wir zwischen zwei Ebenen. Einerseits klassischen demograofischen Merkmalen wie Gechlecht oder Bildungsstand, andererseits Einstellungen. An dieser Stelle muss der Hinweis gegeben werden, dass wir es hier natürlich mit einer relativ kleinen Stichprobe zu tun haben. Es lassen sich Hinweise ableiten. Einige der Unterschiede sind statistisch zwar signifikant, es sind aber letzlich erstmal nur Hinweise, die durch weitere Untersuchungen erhärtet oder entkräftet werden könnten und sollten!

Bei den demografischen Merkmalen muss man zunächst erklären, wie wir im zweistufigen Format vorgegangen sind. Denn hier ist bei der Zusammensetzung ja ein Einfluss unsererseits vorgenommen worden. Unter denen, die uns zugesagt haben,

haben wir anhand von Merkmalen ausgewählt. Hier sind wir nach Prioritäten vorgegangen. Die höchste Prioriät hatte für uns der Bildungsstand, weil dieses Merkmal in vielen Losverfahren immer noch die größten statistischen Abweichungen hat. Gefolgt ist es von der Staatsbürgerschaft. Erst danach kamen Alter und Geschlecht ins Spiel. Vor diesem Hintergrund ist es besonders interessant, dass durch das aufsuchende Verfahren dennoch ein höherer Anteil an Menschen mit geringem Bildungsstand erreicht werden konnte. Anders formuliert: Obwohl wir dem Bildungsstand die höchste Priorität bei der Auswahl aus den Rückmeldungen gegeben haben, hat das aufsuchende Verfahren dieses demografische Merkmal dennoch besser abgebildet als das klassische zweistufige Verfahren!

Ähnlich, wenn auch weniger stark, ist dies beim Merkmal deutsche Staatsbürgerschaft der Fall. Beim Alter ist dieser Effekt allerdings nicht zu sehen. Schauen wir auf das Durchschnittsalter, liegt dies in Steglitz-Zehlendorf bei 46 Jahren. Im aufsuchenden Verfahren kamen wir auf 44 Jahre, im zweistufigen auf 45, also eine etwas bessere Annäherung. Gleichzeitig landeten wir im aufsuchenden Verfahren im Wahlkreis 83 eine Punktlandung mit 38 Jahren, was hier genau dem Durchschnitt entsprach. Lediglich beim Geschlechterverhältnis zeigt das aufsuchende Verfahren eine durchweg größere Abweichung gegenüber dem zweistufigen Verfahren. Allerdings in anderer Weise als erwartet. Während im zweistufigen Verfahren ein leichter Männer-Überschuss bestand, war dies in den beiden aufsuchenden Verfahren ein etwas stärkerer Frauen-Überschuss (jeweils ca. 63 zu 37 Prozent).

Insgesamt kann man festhalten, dass das klassische zweistufige Verfahren also lediglich beim Geschlecht eine bessere Abbildung der demografischen Merkmale darstellt, insbesondere beim Merkmal Bildung aber schlechter abschneidet.

Es gab aber auch zwei Merkmale, bei denen auf den ersten Blick das zweistufige Verfahren besser abschnitt. 1. In Bezug auf das Durchschnittseinkommen wurden wir dadurch überrascht, dass das Einkommen der Haushalte im aufsuchenden Verfahren höher war als das im zweistufigen. Gerade angesichts der Tatsache, dass wir gleichzeitig einen durchschnittlich geringeren Bildungsabschluss in dieser Gruppe hatten, waren wir hier etwas überrascht. Tatsächlich korreliert dies aber mit der Haushaltsgröße, die im aufsuchenden Verfahren mit durchschnittlich 3 Personen wesentlich höher war als im zweistufigen Verfahren mit Durschnittlich 2,1 Personen. 2. Wir haben versucht, in Erfahrung zu bringen, mit welchem Verfahren wir eher Menschen einbinden konnten, die strukturelle Diskriminierung erfahren haben. Und hier schneidet, anders als wir erwartet haben, das zweistufige Verfahren besser ab. So gaben beim aufsuchenden Verfahren im Wahlkreis 79 nur 5 Prozent der Personen an, strukturelle Diskrimierung zu erfahren, während es bei dem zweistufigen Verfahren 21 Prozent waren. Hier besteht also ein signifikanter Unterschied. Die am häufigsten genannten Gründe für die Diskriminierung waren Geschlecht sowie sexuelle Neigungen. Beim aufsuchenden Verfahren im Wahlkreis 83 lag die Prozentzahl mit 25 Prozent allerdings auch noch höher, wobei der Wahlkreis eben auch anders zusammengesetzt ist und ein direkter Vergleich daher schwierig ist. Worüber wir keine Aussage machen können ist, inwieweit eine Verzerrung bei diesem Merkmal zustande gekommen ist, weil das Bewusstsein über Diskriminierung und die Wahrnehmung dessen unterschiedlich ausgeprägt ist.

Kommen wir jetzt zur zweiten Ebene, auf der wir Unterschiede in den Gruppen betrachten können. Neben demografischen Merkmalen wurden auch verschiedene Formen der politischen Teilhabe bzw. Engagement abgefragt. Und hier zeigen sich signifikante Unterschiede. Zum einen erreichten wir mit dem aufsuchenden Verfahren einen wesentlich höheren Anteil an Nicht-Wähler*innen. Dabei gab es zwar einen „Ausreißer" beim Wahlkreis 83, allerdings nur bezogen auf eine der letzen drei Wahlen. Im Vergleich der zwei Wahlkreisräte in Steglitz-Zehlendorf erreichten wir mit dem aufsuchenden Verfahren wesentlich mehr Nicht-Wähler*innen. Bei der Europawahl von 2019 lag der Unterschied bei 60 Prozent zu 85 Prozent Wahlbeteiligung, bei der Bundestagswahl immerhin bei 77 Prozent zu 96 Prozent. Zum Vergleich: Auch beim Bürgerrat Deutschlands Rolle in der Welt gaben nur 5,8 Prozent der Teilnehmenden an, bei der letzten Bundestagswahl nicht gewählt zu haben. Während wir mit unserem zweistufigen Verfahren also fast genau den gleichen Wert erreicht haben wie im ebenfalls mit zweistufigem Verfahren durchgeführten nationalen Bürgerrat, hat das aufsuchende Verfahren tatsächlich wesentlich besser vermocht, auch die Nicht-Wähler*innen ins Verfahren zu holen.

Nun könnte man davon ausgehen, dass dies insgesamt auf eine politisch engagiertere Teilnehmendenschaft im zweistifugen Verfahren zurückzuführen ist. Und tatsächlich haben auf die Frage „Wie stark interessieren Sie sich für Politik" die Teilnehmenden aus dem zweistufigen Verfahren einen wesentlich höhereren Durchschnittswert erreicht als in den beiden aufsuchenden Verfahren. Gleichzeitig gibt es aber bei den verschiedenen Formen politischer Teilhabe und Engagement auch welche, bei denen die Menschen aus dem aufsuchenden Verfahren aktiver sind.

Interessant ist der Vergleich zwischen den Aktivitäten, bei denen die Teilnehmenden der aufsuchenden Losverfahren aktiver sind, mit denen, bei denen die Teilnehmenden des zweistufigen Verfahrens aktiver sind. Diese sind:

Aufsuchendes Verfahren: Menschen boykottieren eher Produkte, unterschreiben eher Petitionen, tragen eher mal ein Abzeichen oder hängen einen Aufkleber auf, posten/teilen eher politische Inhalte im Internet, gehen auf Demonstrationen und nehmen an Volksabstimmungen teil. Die Menschen aus dem zweistufigen Verfahren hingegen nutzen Medien eher für politische Informationen, diskutieren eher politische Ansichten, arbeiten eher in Organisationen, Gruppierungen oder Parteien mit und unterstützen solche auch eher finanziell.

Eine These, die sich aus diesen Daten ableiten ließe, ist, dass das aufsuchende Verfahren eher Menschen anspricht, die ihre politische Teilhabe durch stille und anonymere Formen umsetzt, während die aus dem zweistufigen Verfahren aktiver in Diskussionen und politischen Gruppen sind, und sich politisch auch stärker informieren.

Zuletzt wollen wir darauf eingehen, wie sich das politische Wirksamkeitsgefühl in den beiden Gruppen unterscheidet. Die Evaluation fasst dies so zusammen:

> „Es ist (...) ein Trend zu einem geringeren politischen Interesse, einer schwächeren Meinung sowie geringeren Wirksamkeitsüberzeugungen und politischem Einflusserleben in der Stichprobe aus dem aufsuchendem Losverfahren erkennbar – am deutlichsten bei

kollektiver Wirksamkeitsüberzeugung und politischem Interesse.“ [92]

→ *Zusammenfassend kann man festhalten: Durch das aufsuchende Verfahren wurden mehr Nicht-Wähler*innen, politisch weniger interessierte Menschen und Menschen mit einem geringeren Gefühl von Selbstwirksamkeit errreicht, als bei dem zweistufigen Verfahren.*

Fazit zu den Piloten der Wahlkreisräte

Wir haben in diesem letzten Praxisbeispiel hoffentlich drei Dinge zeigen können.

1. Auch kurzweilige Formate (1 Tag) können, wenn sie einen hohen Anspruch an Prozessqualität erfüllen, für Menschen einen wesentlichen Effekt in Bezug auf ihre politische Selbstwirksamkeit erzeugen. Dies bedeutet, dass abseits von großen und mehrere Wochen andauernden Verfahren auch Platz ist für niedrigschwelligere Eintagesformate, die dafür öfter und für mehr Menschen in Frage kommen.

2. Das Format des Wahlkreisrates zeigt, dass innerhalb des existierenden demokratischen Systems Platz ist für geloste Beteiligungsformate, die das Verhältnis von Politik und Einwohnendenschaft verbessern können. Insbesondere auf der Wahlkreisebene besteht hier ein hohes Potenzial für Verfahren, die die direkte Verbindung zwischen Menschen im Wahlkreis und den Abgeordneten, und somit auch die Repräsentativität, stärken können.

3. Aufsuchende Verfahren können dazu beitragen, eine nicht nur in Bezug auf demografische Merkmale, sondern insbesondere in Bezug auf politische Einstellungen, Teilhabemöglichkeiten und Selbstwirksamkeitsempfinden bessere Zusammensetzung von gelosten Gruppen zu erreichen.

→ *Kurzum: Aufsuchen lohnt sich!*

„Ich war am Anfang skeptisch, jedoch wurde diese Skepsis schnell in Neugierde und Begeisterung umgewandelt. So etwas sollte es viel öfter geben, denn so können wir voneinander lernen, wie respektvoller Umgang und Meinungsaustausch funktionieren und man andere Sichtweisen kennenlernt und auch akzeptiert. Aber das Wichtigste ist, dass man gemeinsame Lösungen bzw. Ansätze und Aspekte findet und auch, dass man gehört wird." – *Aline W.*

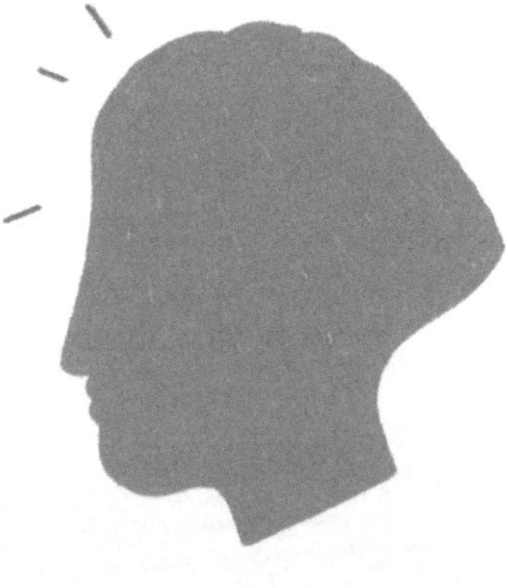

Kapitel V

Was wir bisher gelernt haben

In diesem Kapitel fassen wir unsere Erfahrungen aus der Praxis zu zentralen Learnings zusammen. Es ist die Kondensation dessen, was wir selbst gelernt haben. Dabei haben wir diese Learnings in zwei Unterkapitel aufgeteilt. Im ersten Teil geht es darum, wie man mit gelosten Gruppen am besten arbeitet. Wie moderiere ich eine sehr heterogene Gruppe? Wie stelle ich sicher, dass wirklich alle zu Wort kommen? Wie gehe ich mit Konflikten um? Wie kann ich Entscheidungen verbessern und wie schaffe ich überhaupt eine konstruktive Atmosphäre? Das sind alles methodische Fragen.

Im zweiten Teil geht es um die Gesamtprozesse. Also um die Frage, wann ein Losverfahren sinnvoll ist, wie es am besten eingesetzt wird und welche Rahmenbedingungen es braucht. Es geht aber auch um die Frage, wie ich ein Losverfahren in einer Kommune anstoßen kann, wie ich Politiker*innen davon überzeugen kann, dass es auch für ihre Arbeit eine Bereicherung ist und wie ich sicherstelle, dass die Ergebnisse auch Wirkung zeigen.

Methodische Schlüsselerkenntnisse in der Arbeit mit gelosten Gruppen

In diesem Abschnitt möchten wir auf Methoden eingehen, die helfen, in gelosten Gruppen eine angenehme Atmosphäre und gleichzeitig auch gute Ergebnisse zu erzielen. Das Meiste lässt sich selbstverständlich auch auf nicht-geloste Gruppen anwenden.

Die Haltung als Grundvoraussetzung

Wenn wir grundsätzlich anerkennen, dass die Lebenswirklichkeiten sich in unserer Gesellschaft stark differenzieren, dann heißt das auch, dass wir für eine funktionierende Demokratie vor allem Offenheit brauchen. Offenheit und auch Neugierde dafür, wie andere Menschen leben, denken, handeln und warum.

Es ist vielleicht kein Zufall, dass dies ein Anthropologe (früher hätte man Ethnologe gesagt) schreibt, wo doch diese Grundhaltung nirgendwo so stark entwickelt wurde wie in der Sozial- und Kulturanthropologie, die seit Anfang des 20. Jahrhunderts vor allem zum Ziel hatte, Menschen mit anderen Lebenswirklichkeiten zu verstehen. Nur während wir jahrzehntelang danach gestrebt haben, dies in der Ferne zu tun, zeigt sich heute, dass die kulturellen, sprachlichen und lebensweltlichen Unterschiede schon in einer Kleinstadt zwischen Nachbar*innen so groß sein können, dass sie eben nicht mehr in der angenommenen gleichen Realität leben. Hier geht es nicht darum, dass wir plötzlich ein Einwanderungsland sind. Es geht nicht um Kultur, wie sie klassischerweise verstanden wird, sondern eher um das, was man vielleicht am besten mit Milieus fassen kann. Der Begriff des Milieus beschreibt, dass Menschen sich nicht nur im Hinblick auf Einkommen, Herkunft und Bildung unterscheiden oder ähneln können, sondern dass zusätzlich Werte, Lebenseinstellungen und Mentalitäten beeinflussen, welchen Lebensstil Menschen pflegen.

Was genau bedeutet nun eine offene, von Neugier getriebene Haltung? Zunächst bedeutet sie, dass wir unsere Bewertungen von richtig und falsch in der Kommunikation zurücknehmen sollten. Es geht darum, einem Menschen mit der Grundannahme zu begegnen, dass alles, was er oder sie tut, sagt und denkt Gründe hat und weder in Boshaftigkeit noch in Dummheit ihren Ursprung hat. Diese Annahme kann sich als falsch herausstellen. Will ich aber wirklich verstehen, warum jemand so ist, wie sie oder er ist, dann ist diese Annahme schlichtweg notwendig. Meistens stellt sich dann heraus, dass das zunächst als völlig abwegig erscheinende Verhalten nachvollziehbar geworden ist. Wir können es nach dieser Annäherung ja immer noch beurteilen und sogar verurteilen. Es geht zum Beispiel nicht darum, Sexismus gut zu heißen oder Rassismus einfach zu akzeptieren. Es geht darum, die Menschen zu verstehen. Wenn ich sie verstanden habe, kann ich anders mit ihnen kommunizieren und kann dann immer noch deutlich machen, dass ich eine bestimmte Haltung für rassistisch oder sexistisch halte und Werte vertrete, die damit nicht in Einklang zu bringen sind.

Was heißt das nun konkret? Es heißt vor allem, dass ich dann, wenn ich jemanden in einen politischen Prozess holen will, mich nicht davon abschrecken lassen darf, wie der Erstkontakt gelaufen ist. Ich, Linus, stand schon an Türen, habe geklingelt und als klar war, dass ich von der Stadt komme, wurde sofort eine Art Reichsbürgertirade auf mich losgelassen. Ich nehme mir dann immer bewusst vor, Neugierde zu entwickeln. Was genau meint sie jetzt, wenn sie sagt, „die stecken doch alle unter einer Decke". Fragen und immer wieder fragen. Für viele dieser Menschen ist es schon ungewohnt zu merken, dass ein Mitarbeiter der Stadt (oder vielleicht auch überhaupt jemand) sich für ihre Lebensumstände interessiert. Und am Ende eines anstrengenden Gesprächs gelingt es dann manchmal eben doch, auch auf der anderen Seite genug Neugierde entwickelt zu haben, dass die

Menschen zu dem Workshop kommen. Und wenn nicht, kann man eben die Gelegenheit nutzen und wenigsten zu ein paar Fragen inhaltliche Antworten einsammeln, so dass auch die Meinungen derer, die nicht dabei sind, in den Prozess eingebunden werden können.

Diese offene Haltung insbesondere dazu, Menschen in die Prozesse hineinzuholen, sollte nicht mit einer „Anything goes“ Haltung verwechselt werden. Natürlich muss in allen Formaten immer klar sein, dass ein respektvoller Umgang Voraussetzung für Dialog ist und auch, dass jede*r sich in Beteiligungsformaten dem Grundgesetz verpflichtet. Das betrifft zuallererst die Würde des Menschen. Wird diese nicht geachtet, dann muss die Moderation natürlich eingreifen.

Geschlossener Rahmen, wertschätzende Atmosphäre

Ein wichtiges Kriterium für gute geloste Bürger*innenbeteiligung ist, dass man sichere Rahmen schafft. Damit ist gemeint, dass das, was gesagt wird, nicht plötzlich ohne die eigene Zustimmung in der Zeitung steht, dass eine politische Vereinnahmung verhindert wird und eine Atmosphäre der Wertschätzung herrscht.

Ein geschlossener Rahmen bedeutet im Normalfall, dass Workshops mit gelosten Teilnehmenden nicht öffentlich sind. Wie steht es dann aber um die Transparenz? Hierfür gibt es verschiedene Optionen. Eine ist, dass unabhängige Beobachter*innen anwesend sind, eine andere, dass Politik vertreten ist, sich aber zurückhält. Auch eine Möglichkeit ist, einen geschlossenen Teil zu veranstalten und anschließend einen offenen, so dass Teilnehmende selbst entscheiden können, ob sie nach den Diskussionen und der Arbeit in einem geschützten Rahmen sich auch einem offenen Kreis stellen wollen, wo dann beispielsweise Ergebnisse präsentiert werden und Presse und Politik zugegen ist, so wie wir es in den Wahlkreisräten machen.

In jedem Fall sollte man aber sehr darauf achten, dass immer eine wertschätzende Atmosphäre hergestellt wird. Das fängt dabei an, sich für die Teilnahme zu bedanken, bedeutet aber auch, dass man beispielsweise Namensschilder vorbereitet, statt dass Personen ihre Namen selbst aufschreiben müssen. Dazu gehören guter Kaffee und ein leckeres Catering, ausreichend Zeit für Pausen und permanente Ansprechbarkeit des Organisationsteams und der Moderator*innen. Das sind Kleinigkeiten, die aber deutlich machen: Wir wollen genau Sie heute hier haben!

Kleine Gruppen, große Wirkung. Vom persönlichen Gespräch bis in ein großes Plenum

Nicht zuletzt in den sozialen Netzwerken wird immer wieder deutlich, wie leicht es beim geschriebenen Wort zu Missverständnissen kommt. Es fehlt eben der Kontext, die kleinen Feinheiten des Nichtgeschriebenen, um das Ganze voll zu erfassen. Wenig überraschend empfinden wir es daher als wichtig, in Bürger*innenbeteiligungsformen immer wieder persönliche Gespräche zu ermöglichen, und das am besten zu zweit oder zu dritt. Gerade zu Beginn eines Workshops mit ausgelosten Teilnehmenden kennt sich meistens niemand. Dann sind kleine

Murmelrunden als Einstieg, bei denen sich die Teilnehmenden zu eher unverfänglichen Themen austauschen, enorm hilfreich.

Aber auch in Arbeitsphasen hat sich bewährt: je kleiner die Gruppe, desto intensiver der Austausch. Eine wichtige Frage ist jedoch immer: Ab wann braucht man eine Moderation, wenn man in Gruppen arbeitet? Aus unserer Erfahrung ist das schon ab vier Personen wichtig. Wie viele Gespräche in einer sehr kleinen Gruppe finden trotzdem überwiegend zwischen zwei Personen statt? Wenn kleine Gruppen ohne Moderation diskutieren sollen, hat es sich sehr bewährt, ganz konkrete Anweisungen für die Arbeit mitzugeben. Zum Beispiel in Form von vorbereiteten Ergebnistemplates. Das heißt, alle in der Gruppe wissen von Anfang an, auf welche Form die gemeinsame Arbeit hinausläuft.[93]

Eine gute Gruppengröße, in der tatsächlich auch der Anspruch noch verfolgt werden kann, dass alle zu Wort kommen, sind fünf bis sieben Personen. Werden es mehr, ist eine sehr starke Moderation gefragt, dann kann es gut funktionieren. Je größer die Gruppe, desto weniger ist aber eine tatsächliche „Arbeitsbeteiligung" aller möglich und desto stärker wird das Setting auch für manche zu einer Art Bühne. Das heißt konkret: Arbeitsphasen sind fast immer Gruppenarbeitsphasen. Denn für eine vielfältige Gruppe versucht man, je nach Setting zwischen 15 (Bürger*innenräte in Vorarlberg) und 160 Personen *(Bürgerrat Deutschlands Rolle in der Welt)* zusammen zu bekommen. Das heißt, in den allermeisten Fällen wird die Gesamtgruppe für Arbeitsphasen dann aufgeteilt. Die Aufteilung sollte situationsbedingt unterschiedlich ausfallen. Will man, dass alle dieselbe Aufgabe bearbeiten, bietet es sich an, die Gruppen zufällig zusammenzusetzen. Geht es z. B. darum, konkrete Ideen zu bearbeiten, ergibt es Sinn, die Gruppen nach Interesse aufzuteilen, bzw. die Aufteilung selbstselektiv zu gestalten. Wichtig ist aber immer: Das, was in Gruppen erarbeitet wurde, sollte im Anschluss allen wieder präsentiert werden und alle sollten die Möglichkeit haben, sich noch dazu zu äußern – sei es mündlich im Plenum oder indem Vorschläge visualisiert werden, die dann kommentiert werden können. Das Plenum ist ebenso immer ein wichtiger Ort, um konkrete Empfehlungen an Politik oder Verwaltung, die erarbeiten wurden, auch durch die Gesamtgruppe zu legitimieren. Wie, das werden wir uns später noch ansehen.

Alle hören!

Es erscheint logisch, wenn das Ziel Vielfalt ist, auch methodisch tatsächlich alle zu Wort kommen zu lassen. Aber wie genau kann man dies gewährleisten?

Dazu hilft es, sich die Hürden vor Augen zu führen, die dafür sorgen, dass Menschen sich nicht einbringen. Das Schöne an der Methodik des Aufsuchens ist ja, dass wir Menschen auch genau hierzu immer wieder befragen und somit über die Jahre ein gutes Verständnis davon gewonnen haben. Hier daher die Top 5 der Hürden und wie man ihnen begegnen kann.

1. „Ich habe dazu doch nichts zu sagen!" Diese und ähnliche Aussagen sind häufig. Dahinter liegt das Gefühl, der Debatte nichts beitragen zu können. Gerade bei einigen Frauen auch in Kombination mit einem Satz wie „Fragen sie mal meinen Mann/Schwager/Arbeitskollegen, der kann da mehr zu sagen!" Abhilfe schafft hier vor allem,

deutlich zu machen, dass eben alle Menschen von politischen Entscheidungen betroffen sind und allein deshalb schon etwas beitragen können. Es geht darum, den Menschen klar zu machen, dass sie eben die Expert*innen für ihre eigene Lebenswelt und ihre Erfahrungen sind.

2. Nicht zu Wort kommen, weil andere immer schneller sind. Dies ist insbesondere dann zu beobachten, wenn in einer Gesprächsrunde eine hitzige Debatte entsteht. Eine ganz einfache aber sehr effektive Methode ist, zu Anfang alle am Tisch einmal zu Wort kommen zu lassen und niemanden dran zu nehmen, ehe sich nicht alle äußern konnten (sie müssen natürlich nicht). Gerade in gelosten Gruppen hat es sich als sehr hilfreich gezeigt, einfach reihum zu sprechen.

3. „Das was ich sagen will haben andere schon gesagt/ können andere besser sagen." Hier hilft es, deutlich zu machen, dass es um die konkreten, je individuellen Erfahrungen geht und dass es auch wertvoll ist, zu wissen, wenn Menschen die Erfahrung einer anderen Person teilen. Sinnvoll auch hier: Teilnehmende können ihre Antwort auf eine Frage zunächst in Stichpunkten auf Moderationskarten schreiben, so dass sie diese auch unabhängig davon, was Vorredner*innen gesagt haben, weder vergessen noch sich nur auf das zuvor Gesagte konzentrieren.

4. „Das, was ich sage, wird durch andere verurteilt." Gerade Menschen, die gesellschaftlichen Randgruppen angehören, erleben es oft, dass ihre Sichtweise auf die Dinge

so anders ist, dass ihre Aussagen auf starken Widerstand stoßen und dieser dann auch geäußert wird. Deshalb ist es sehr wichtig, immer wieder darauf hinzuweisen, dass Wortmeldungen nicht direkt kommentiert und beurteilt werden sollten. Das heißt nicht, dass man sich dazu nicht äußern kann, sondern dass dies in einem geordneten Rahmen geschieht. Dabei kann es je nach Gruppe auch sinnvoll sein, am Anfang, bevor man in eine thematische Debatte einsteigt, sich auf bestimmte Kommunikationsregeln zu einigen und diese kurz zu notieren.

5. „Das, was ich sage, wird nicht verstanden." Eng verwandt mit dem dritten Punkt ist das Gefühl einiger Menschen, dass das, was sie sagen, oft falsch verstanden wird und sie sich deshalb zurückhalten. Es gibt zum Beispiel Menschen, die ihre Kernaussagen ans Ende eines eher ironischen Rahmens setzen, hierzu aber gar nicht kommen, weil die Ironie nicht verstanden wird und die Kernaussage dann untergeht. Zum einen hilft es, auch nonverbale Kommunikationsformen mit einzubauen, wie wir später noch detaillierter zeigen werden. Zum anderen braucht es bei allen, die teilnehmen, eben das Gefühl, dass ausreichend Zeit ist, um Aussagen auch zu Ende zu führen, und dass man die Möglichkeit gibt, Verständnisfragen zu stellen, ehe man in eine inhaltliche Diskussion geht.

Zeigen, dass jeder Mensch mehr ist als eine Meinung

Ein klassisches Problem vieler Diskussionen und Auseinandersetzungen ist, dass wir unser Gegenüber oft schnell auf eine bestimmte Aussage oder Meinung reduzieren. Im Extremfall sogar, ohne dass Aussagen oder Meinungen überhaupt geäußert werden, nämlich dann, wenn wir aufgrund von Vorurteilen einen Menschen beurteilen. Hier sei an das Beispiel aus dem Workshop mit gelosten Teilnehmenden zum Baumblütenfest erinnert. Eine Teilnehmerin fand ganz zum Schluss heraus, dass ihr Sitznachbar eine andere Grundhaltung zum Fest hatte. Um diese Einschätzung zu treffen, hätte es für viele Menschen in Werder schon gereicht zu wissen, seit wann jemand in Werder wohnt, was eine typische Frage ist, die einem beim Kennenlernen gestellt wird. Die Antwort hat hier großen Einfluss darauf, wie man jemanden einordnet. Das Fatale ist, dass wenn man einmal davon ausgeht, dass die oder der Gegenüber in das kategorisch „gegnerische" Lager fällt, alles, was ab diesem Zeitpunkt gesagt wird, auch so interpretiert wird, dass es zu dieser Ersteinschätzung passt. Nochmal auf das Beispiel in Werder bezogen: Ordnet man die Person als Fest-Gegner ein, wird man alle Aussagen so verstehen, dass sie sich gegen das Fest aussprechen. Man wird darauf entsprechend mit scharfer Munition reagieren und das Gegenüber wird, selbst dann wenn man versucht, moderate Aussagen zu treffen, ebenfalls entsprechend einordnen. Schnell fühlen sich beide bestätigt darin, dass die andere Seite nur auf der eigenen Meinung beharrt.

Deswegen reicht es auch nicht, Menschen einfach nur zusammenzubringen. Die Art der Kommunikation und insbesondere wann man über welche Themen spricht, ist entscheidend dafür, ob es eher zu Abgrenzung oder zu Annäherung kommt. Dabei sind aus unserer Erfahrung solche Methoden besonders hilfreich, die eine reine Verbalisierung verhindern und stattdessen auf andere Arten der Kommunikation setzen.

Es gilt zu zeigen, dass Menschen erstens oft sehr differenziert auf die Dinge schauen, wenn man ihnen ausreichend Zeit gibt, um differenzierte Aussagen zu treffen. Außerdem tragen Menschen in sich fast immer auch mehrere Positionen zugleich. Wer sich für diesen Umstand mehr interessiert, dem sei die Methode der Deep Democracy ans Herz gelegt, die als wesentliche Aussage beinhaltet: Die Rolle ist mehr als der Mensch, ein Mensch ist mehr als die Rolle. Rolle wird dabei sehr breit verstanden, kann aber zum Beispiel auch so etwas sein wie „skeptisch auf das Fest zu schauen". Es war nun besonders hilfreich, wie oben schon erwähnt, allen Menschen in der Umfrage zum Baumblütenfest die Möglichkeit zu geben, sowohl Positives wie auch Negatives auswählen zu können. Und genau das sollte man bei Workshops auch versuchen, indem man bewusst allen die Aufgabe gibt, Positives *und* Negatives zu einem Vorschlag aufzuschreiben. Es ist eine vermeintliche Kleinigkeit zu sagen: Bitte schreiben Sie drei Dinge auf, die Sie stören und drei die Sie wünschenswert finden, anstatt einfach zu sagen: Bitte schreiben Sie auf, was Sie stört und was Sie gut finden. Denn Ersteres fordert eben dazu auf, auch das in sich selbst zu erkennen, was vielleicht in der Auseinandersetzung und teilweisen Abgrenzung zu anderen sonst untergeht.

Je nach Thema kann hier auch ein Perspektivwechsel sinnvoll sein, sich also beispielsweise bewusst auf „die andere Seite" zu stellen und zu versuchen, aus einer anderen Perspektive heraus zu argumentieren. Eine Abwandlung, die gerade wenn es um Varianten geht sehr hilfreich ist, ist die, die ich beim Standort Hallenbad vorgestellt habe. Wenn Menschen Lösungen erarbeiten und diese anschließend bewerten, besteht eben auch eine starke Tendenz, bei der eigenen Präferenz nur die positiven

Seiten zu sehen, bei den anderen Vorschlägen nur die negativen. Hier lässt sich mit einem kleinen Trick noch viel mehr aus den Menschen herausholen. Sagen wir, es geht um zwei Varianten einer Ortsumfahrung. Lassen Sie die Menschen sich für eine Variante entscheiden. Zum Beispiel haben Sie die Varianten an zwei Enden eines Raums in Form von Plakaten aufgehängt. Nun bitten Sie die Menschen zu tauschen, jeder und jede geht dorthin, wo man eigentlich gar nicht stehen will. Und nun kommt ein entscheidender Satz: „Stellen Sie sich vor, bei der Entscheidung ist diese Variante, die Sie ja nicht wollten, rausgekommen. Wie könnte diese jetzt verbessert werden?" Nun passieren erfahrungsgemäß gleich mehrere Dinge: Zum einen versuchen Menschen unter dieser Prämisse tatsächlich darüber nachzudenken, wie die unerwünschte Variante besser werden könnte. Sie tun dies auch deshalb, weil es die „Gegenseite" eben auch tun muss. Die stehen schließlich auch da, wo sie eigentlich nicht stehen wollen (es sind also alle gleichermaßen in dieser Situation, egal wie die Mehrheit verteilt ist). Zum anderen findet ein gewisses „Einlassen" darauf statt, dass man eben am Ende mit einer Entscheidung konfrontiert ist, die nicht so ist, wie man es wollte. Und drittens können so die Vorschläge oft tatsächlich nochmal wesentlich besser werden, einfach weil nun neuer Input aus anderen Perspektiven hinzukommt.

Menschen nicht auf die eine Meinung zu reduzieren, sondern stattdessen zu zeigen, dass wir alle in uns immer auch ganz unterschiedliche Meinungen tragen und diese dann sichtbar zu machen, hat also einige positive Effekte: Es findet eher eine Annäherung der Meinungen statt und es entsteht eine bessere Arbeitsatmosphäre. Die Vorschläge werden besser und es besteht auch eine höhere Akzeptanz gegenüber Vorschlägen, die man eigentlich nicht möchte. Damit geht auch einher, dass die Akzeptanz für spätere Entscheidungen steigt.

Schreiben, Aufstellen, Punkten ... statt nur Reden

Wir haben zuvor geschrieben, wie wichtig das persönliche Gespräch ist. Gleichzeitig ist die verbale Kommunikation, das Reden, eine Kommunikationsform, die oft sehr schnell bestimmten Mustern folgt. Klassische Rollenverteilungen können sich innerhalb von einigen Sätzen etablieren und plötzlich ist klar, wer redet, wer eher zuhört, wer pauschalisiert, wer nur noch paraphrasiert und so weiter. Redegewandte, besonders eloquente oder auch tatsächlich rhetorisch geschulte Menschen können so sehr schnell eine Debatte dominieren. Ein Weg, das zu verhindern, ist zu vermeiden, eine Atmosphäre der Bühne zu erzeugen. Dazu gehört, wie oben beschrieben, vor allem kleine Gruppen zu nutzen. Genauso wichtig kann es aber sein, neben dem Sprechen auch andere Kommunikationsformen ausgiebig zu nutzen.

Eine ganz einfache und wirksame Technik ist, Teilnehmende zu bitten, ihre Wortmeldungen zunächst in Ruhe aufzuschreiben. Dies führt dazu, dass sich nicht alle an dem orientieren, was die Person zuvor gesagt hat. Es ist aber auch für alle Teilnehmenden eine Möglichkeit, die Gedanken zu ordnen und schließlich kann man, wenn man die verschiedenen Moderationskarten dann aufhängt, noch einmal jeden Stichpunkt sichtbar machen und das gleichberechtigt nebeneinander auf einer Pinnwand oder ausgelegt auf dem Boden. Man sollte als Moderator*in mit diesem sichtbaren Material sorgsam umgehen und weiterarbeiten.

So entsteht ein Gefühl der Wirksamkeit, weil alle nachvollziehen können, was aus einem Gedanken geworden ist. Die Materialität, die man den Ideen gibt, indem sie aufgeschrieben werden, ist dafür enorm hilfreich.

Eine weitere gute nonverbale Methoden ist die Aufstellung im Raum. Hierzu gibt es unendlich viele Varianten, von denen wir zwei als Beispiel hier kurz vorstellen möchten. Das eine ist, Aufstellungen zu nutzen, um in sehr kurzer Zeit zu mehreren Fragen ein Feedback zu bekommen. Hierzu kann man im Raum ein Nein und ein Ja definieren oder auch eine Skala anordnen. Dann können sich alle Teilnehmenden entsprechend positionieren. Je nach Situation kann man einzelne Personen zu ihrer Haltung „interviewen": „Warum stehen Sie hier?" Wenn man eine Wortmeldung zulässt, sollte man diese Möglichkeit allen anderen Teilnehmenden auch geben. Und dann sollte es immer auch die Möglichkeit geben, sich neu zu positionieren. So merkt die Gruppe, welche Argumente einen Unterschied machen und wie fluide das Meinungsfeld tatsächlich ist.

Eine weitere Variante, die wir mehrfach genutzt haben, wenn es darum ging, politischen Entscheidungsträger*innen zu zwei oder drei Varianten ein Feedback zu geben, war, die Varianten im Raum zu verteilen und die Teilnehmenden dann zu bitten, sich entsprechend aufzustellen. Bei drei Varianten kann sich so jeder klar positionieren, egal ob man ganz klar nur für eine Variante „steht" oder genau zwischen dreien oder eine eben gar nicht will und bei den anderen beiden leicht zur einen tendiert. Mit einem Foto als Dokumentation kann man so den Entscheidungsträger*innen mit einem einzigen Bild eine komplexe Verteilung von Präferenzen anzeigen.

Generell sind Methoden sinnvoll, die Meinungen sichtbar machen, statt nur hörbar. Durch die Omnipräsenz von Moderationskoffern, gefüllt mit allerlei Kärtchen und Punkten zum Aufkleben, hat sich auch das Bewerten durch Bepunkten immer mehr durchgesetzt und kann eine einfache und effektive Methode sein, schnell Prioritäten sichtbar zu machen oder auch auf einer Karte schöne und weniger schöne Orte zu kennzeichnen.

Schließlich hat sich gerade in Arbeitsphasen eine gute Vorbereitung von Material zum Ausfüllen sehr bewährt. Sogenannte Ergebnistemplates stellen einerseits sicher, dass erarbeitete Ergebnisse alle eine ähnliche und somit vergleichbare Form bekommen. Andererseits ist es gerade für Menschen, die sich noch nicht kennen und für die das Workshopsetting und die hier geforderte Art der Zusammenarbeit ungewohnt ist, besonders hilfreich, wenn klar ist, was genau gefordert ist.

Bei den vielen Methoden sollte man allerdings immer das Ziel im Auge behalten und eine Methode nicht einfach anwenden, weil sie in einem anderen Setting so gut funktioniert hat. Es gilt: Form follows function.

Eine gemeinsame Grundlage

Für jeden Diskussionsprozess ist es wichtig, dass sich die Gruppe auf etwas Gemeinsames beziehen kann. Das kann ein gemeinsames Ziel sein, gemeinsam erarbeitete Leitlinien oder auch von allen akzeptierte Grundannahmen.

Dabei gibt es zwei Arten von Grundlagen:

1. Grundlagen, die von Externen eingebracht werden. Das kann Input durch Fachplaner*innen sein oder zum Beispiel auch wissenschaftlicher Input.

2. Grundlagen, die die Gruppe gemeinsam erarbeitet.

Externe Grundlagen

Externe Grundlagen können Vorplanungen sein, Varianten für einen Bau, Konzeptideen oder auch wissenschaftlicher Input. Wichtig ist, dass nachvollziehbar ist, von wem der Input kommt, wer zum Beispiel die Vorarbeiten beauftragt hat und mit welchem Auftrag die Fachplaner*innen ihre Unterlagen erstellt haben.

Bei wissenschaftlichem Input ist es wichtig, zu trennen zwischen weitgehend anerkanntem wissenschaftlichem Stand zu einem Thema und der Interpretation von diesem Wissen durch die Wissenschaftler*innen andererseits. Prozessgestalter*innen haben dabei die Aufgabe, die vorzustellenden Materialien und Inputs vorab auf Verständlichkeit zu prüfen. Hier kann auch mal ein kleiner Pretest sinnvoll sein, z.B. indem man eine Präsentation mal einer fachfremden Kollegin zeigt.

Selbst erarbeitete Grundlagen

Gruppenregeln
Wenn man Menschen fragt, was sie an Diskussionen am meisten stört, ist es mangelnder Respekt. In vielen Kontexten hat es sich bewährt, zu Beginn gemeinsame Regeln festzulegen.

Tatsächlich ist die Erfahrung mit gelosten Gruppen, dass dies weniger notwendig ist. Dennoch kann es gerade in sehr angespannten Situationen helfen, auch wenn der Ton mal etwas rauer wird, die Gruppe dazu zu befragen, welche Regeln sie sich für den Austausch wünscht. So übernimmt nicht der Moderator oder die Moderatorin die Rolle eines Schiedsrichters oder einer Schiedsrichterin, sondern die gesamte Gruppe. Beim Demokratiekonvent in Frankfurt am Main wird zum Beispiel direkt zu Beginn des Konvents gemeinsam über die Gesprächsregeln abgestimmt. Es werden gemeinsam Regeln für eine diskriminierungsfreie, wertschätzende Sprache und Umgang festgelegt, abgestimmt und symbolisch unterzeichnet. Sollten Teilnehmende dann im Verlauf des Bürger*innenrats durch rassistische oder andere diskriminierende Aussagen auffallen, dient diese gemeinsame Abstimmung auch dazu, die auffällige Person entsprechend darauf hinzuweisen oder der Veranstaltung verweisen zu können.

Eine gemeinsame Entscheidungsgrundlage erarbeiten

Bei vielen Entscheidungen haben wir das Gefühl, *wenn die anderen das wüssten was ich weiß, dann müssen sie doch die Entscheidung auch so treffen wie ich.* Das führt dazu, dass man nach einer Entscheidung, in der andere sich anders entschieden haben, davon ausgeht, dass sie eben einfach nicht auf derselben Grundlage entschieden haben und kann zu sehr viel Frustration und zu einer geringen Akzeptanz der Entscheidung führen. Eine Methode, die hier helfen kann ist das, was wir Swotten nennen. Bevor wir eine Entscheidung treffen, sollten wir uns der Vor- und Nachteile aller Optionen bewusst sein. In Anlehnung an die sogenannte SWOT-Analyse (Strengths (Stärken), Weaknesses (Schwächen), Opportunities (Möglichkeiten oder Chancen) und

Threats (Risiken)) kann man das Sammeln von Vor- *und* Nachteilen durch Chancen *und* Risiken ergänzen. Was bringt das nun und wie genau geht man vor?

Nehmen wir als Beispiel die Entscheidung, ob eine Umgehungsstraße gebaut werden soll oder nicht. Zunächst sollte die Option so klar beschrieben sein wie möglich. Dazu helfen die externen Grundlagen, z. B. der Verkehrsplaner*innen. Jetzt werden Vor- und Nachteile, Chancen und Risiken (klar, am besten in Stichpunkten auf Karten) gesammelt. Das kann jede Person für sich machen und es ist wie oben erwähnt wichtig, dass egal ob man eher für oder gegen die Umgehungsstraße ist, man eben trotzdem Vor- und Nachteile, Chancen und Risiken beschreibt. Jetzt werden diese gesammelt und geclustert, bzw. gleiche Karten einfach gestapelt. Bis hierhin ist das Ganze nur eine Sammlung von SWOTS einzelner Personen. Als nächstes soll daraus eine gemeinsame Gruppenanalyse werden, auf die sich alle als Entscheidungsgrundlage einigen können. Hierzu gehen wir jetzt der Reihe nach alle Vorteile durch und fragen jeweils ab, ob alle den jeweiligen Stichpunkt als Vorteil sehen. Wenn es nur eine Person gibt, die einen Aspekt nicht als Vorteil sieht, wandert die Karte in die Abteilung Chancen. Sagen wir z. B. fast alle sehen es als einen Vorteil der Umgehungsstraße an, dass weniger Autos durch die Innenstadt fahren, nur eine Person sieht nicht, dass es zwangsläufig so kommt. Dann können wir uns eben nicht als ganze Gruppe darauf einigen, dass dies ein klarer Vorteil ist. Wir können uns aber darauf einigen, dass es eine Chance ist, im Sinne von: Es kann passieren, dass weniger Autos durch die Innenstadt fahren. In gleicher Weise behandeln wir die Nachteile, gehen sie einzeln durch und einige werden in die Abteilung Risiken wandern. Am Ende dieses Prozesses sehen wir, bei welchen Vor- und Nachteilen wir uns einig sind, und bei welchen Aspekten wir uns nur so weit einigen können, dass es eben eine Eventualität ist. Unter Umständen wird an dieser Stelle klar, dass es weiterer Informationen bedarf (z. B. ein Verkehrsmodell oder eine Zählung). Vor allem ist aber wichtig: Das, was wir nun ansehen, ist eine gemeinsame Analyse, die alle so mittragen können, auch wenn sie eben viele Unsicherheiten enthält. Auf dieser Basis kann nun eine Entscheidung getroffen werden. Hierbei ist es wichtig, als Moderation klar zu machen, dass Menschen eben Vor- und Nachteile unterschiedlich gewichten, und Risiken und Chancen unterschiedlich einschätzen. Und deshalb entscheidet sich jede*r individuell.

In beratender Bürger*innenbeteiligung gilt es tatsächlich selten, Entscheidungen zu treffen, es sei denn, diese wurden explizit in das Gremium übertragen. Ein Beispiel haben wir genannt, als es um die Anzahl der Stimmen im Zukunftshaushalt Werder ging und hier der Zukunftsrat entschieden hat. Eine gemeinsam erstellte Entscheidungsgrundlage kann aber auch an sich schon ein gutes Ergebnis eines Beteiligungsverfahrens sein und dann eben an die gewählten Entscheidungstragenden weitergegeben werden oder z. B als Grundlage für einen Volksentscheid genutzt werden. Oder es ist wie im Beispiel INSEK in Falkensee eine Grundlage für weitere Planungsschritte.

Wenn es aber doch gilt, in einem gelosten Gremium eine Entscheidung zu treffen, haben sich ein paar Methoden bewährt, auf die wir nun eingehen wollen.

Anders entscheiden

Wir sind es gewohnt, in politischen Entscheidungen das einfache Mehrheitsprinzip anzuwenden. Es hat den großen Vorteil, dass es fast immer sehr schnell zu einem Ergebnis kommt. Leider sind die Ergebnisse aber oft nicht so gut wie sie sein könnten. Insbesondere, aber nicht zwangsläufig, für die, die die Wahl verloren haben.

Es gibt mittlerweile eine ganze Reihe von Methoden, die zum Ziel haben, anders zu entscheiden als wir es klassischerweise gewohnt sind. Wir möchten beispielhaft auf drei Methoden aufmerksam machen, die auch in Beteiligungsverfahren sinnvoll angewendet werden können. Wie bei allen Werkzeugen gilt auch hier: Nicht das Werkzeug schafft die guten Ergebnisse, sondern der Umgang damit. Gute Werkzeuge sind eben wenig wert ohne Moderator*innen, die mit diesen sicher umgehen können und sich im Idealfall unterschiedlicher Werkzeuge sicher bedienen können (oder sich auch mal gänzlich von diesen Methoden lösen).

Zwei Grundannahmen, die die hier vorgestellten Entscheidungsfindungsmethoden teilen, sind: 1. Wir gehen davon aus, dass selbst dann, wenn eine Mehrheit für eine Lösung ist, diese Lösung durch die Minderheit noch verbessert werden kann. 2. Wir gehen davon aus, dass die besten Lösungen nicht unbedingt die sind, die eine klare Mehrheit schaffen, sondern unter Umständen die, die die meisten Bedürfnisse aller Betroffenen zufriedenstellt.

Wir betonen, dass wir hier die jeweiligen Methoden nur kurz anreißen und Grundprinzipien erklären, nicht aber die Methode als ganze so präsentieren, dass sie einfach angewendet werden kann.

Der Restaurantbesuch: Systemisches Konsensieren

Das systemische Konsensieren basiert auf einem einfachen Gedanken: Nicht die Lösung ist die beste, die die meisten am besten finden, sondern die Lösung, mit der die wenigsten Menschen Bauchschmerzen haben. Uns ist diese Art der Entscheidungsfindung nicht unbekannt. Stellen Sie sich vor, fünf Freunde wollen Essen gehen. Drei wollen zum indischen Restaurant, zwei zur Pizzeria. Die einfache Mehrheitsentscheidung wäre, ins indische Restaurant zu gehen. Was aber meistens passiert, ist, dass man nach weiteren Möglichkeiten sucht, mit denen eben alle zufrieden sind, insbesondere dann, wenn jemand starke Bedenken gegen das indische Restaurant geäußert hat. Am Ende geht niemand in das Restaurant, in das man am liebsten wollte, aber alle finden das thailändische Restaurant gut.

Systemisches Konsensieren hat diesen Vorgang in eine quantifizierte und systematische Methodik überführt. Dabei wird zunächst notiert, welche Optionen oder Vorschläge es gibt. Es können Vorschläge von allen eingereicht werden, kommentiert und auch wieder verändert werden. Wenn die Vorschläge als echte Alternativen feststehen, beginnt die zweite Phase: Jetzt können alle Teilnehmenden jeden Vorschlag bewerten und zwar von 0 bis 10. Dabei bedeutet 0, dass ich keinerlei Widerstände oder Bedenken gegen den Vorschlag habe und 10, dass dieser Vorschlag für mich absolut untragbar ist. So erhält man für jeden Vorschlag eine Akzeptanzrate. Ist der Vorschlag durchschnittlich mit 9 bewertet ist die Akzeptanzrate 10 Prozent, liegt der Durchschnitt bei 3, ist die Akzeptanzrate entsprechend 70 Prozent.

Es ist nicht durch die Methode vorgegeben, wie man mit den Ergebnissen umgeht. Je nach Art der Entscheidung kann es am besten sein, wieder neue Vorschläge zu sammeln, wenn zum Beispiel bei allen Vorschlägen große Bauchschmerzen herrschen. Oder aber man hat sich *im Vorfeld* vielleicht darauf geeinigt, dass definitiv der Vorschlag genommen wird, der die höchste Akzeptanz hat. Die große Stärke der Methode liegt darin, dass sie sehr schnell sichtbar macht, wie die Gruppenakzeptanz zu unterschiedlichen Optionen aussieht.

Zwei Schwächen hat die Methode aber auch. Erstens, es fallen sehr radikale Vorschläge so unter Umständen raus, obwohl es genau diese manchmal braucht. Geht es zum Beispiel um die Auswahl eines Werbe-Slogans, dann ist es durchaus nicht unwahrscheinlich, dass beim systemischen Konsensieren eben genau die Slogans als Sieger hervorgehen, die gerade nicht eine hohe Wiedererkennung sicherstellen oder Aufmerksamkeit generieren. Die zweite Schwäche betrifft das strategische Bewerten. Die Methodik baut darauf auf, dass alle ihren Widerstand fair angeben. In dem Augenblick, wo ich beispielsweise eine Variante, die nicht mein Favorit ist, mit der ich aber eigentlich gut leben könnte, strategisch mit 10 bewerte, weil das die Chancen erhöht, dass meine bevorzugte Variante „durchkommt", dann funktioniert das Prinzip nicht mehr. Daher ist ein gewisses Grundvertrauen in alle Teilnehmenden Voraussetzung. Gerade in gelosten Gruppen kann diese Methode daher aber auch gut funktionieren, weil erfahrungsgemäß weniger taktisch vorgegangen wird als in Beteiligungsveranstaltungen, bei denen die Teilnehmenden überwiegend mit starken Interessen vor Ort sind.

Verantwortung und Konsent: Soziokratische Kreismethode

Die Soziokratie ist eine Moderationsmethode zur Entscheidungsfindung, gleichzeitig aber auch eine Organisationsform. Sie basiert auf Ideen des Soziologen Lester Frank Ward und wurde erstmals durch den niederländischen Reformpädagogen Kees Boeke zu einer Methode entwickelt. Mittlerweile gibt es eine Reihe von Weiterentwicklungen, unter anderem die „Holokratie“ und „Soziokratie 3.0“.[94]

Grundlegend für die Entscheidungsfindung in der Soziokratie ist die Idee des Konsents. Konsent bedeutet im Unterschied zum Konsens nicht, dass ich einem Vorschlag aktiv zustimme, sondern lediglich, dass ich ihn nicht mehr ablehne. Im wesentlichen basiert die Methodik darauf, in immer wiederkehrender Folge einen Vorschlag zu kommentieren und zu verbessern. Konkret läuft das in etwa so ab:

Alle Teilnehmenden sitzen in einem Kreis. Es gibt eine*n Moderator*in und eine Person, die einen Vorschlag einbringt. Zunächst wird der Vorschlag vorgestellt, daran schließt sich die erste Runde Verständnisfragen an. Essenziell für die Methode ist, dass hier tatsächlich zwischen Verständnisfragen zum Vorschlag und anderen Äußerungen, insbesondere Bewertungen unterschieden wird und alles, was keine Verständnisfrage ist, von der Moderation konsequent unterbunden wird. Dabei wird reihum das Wort erteilt. Jede Person stellt eine Verständnisfrage oder gibt weiter, die Fragen werden beantwortet und die nächste Runde beginnt. Es werden so viele Runden durchgeführt, bis keine weiteren Fragen offen sind. Dann können Kommentare abgegeben werden. Hier wird in gleicher Weise vorgegangen, das heißt, wieder hat jede Person reihum das Wort und kann kommentieren, bis alles „raus“ ist. Schließlich können Änderungsvorschläge eingebracht werden. Wieder reihum und hier kann die einreichende Person nun nach jeder Runde entscheiden, ob er oder sie Änderungen mit aufnimmt. Es besteht also eine hohe Verantwortung der einreichenden Person zu versuchen, den Vorschlag weiterzuentwickeln. Gegenüber jeder Änderung können auch wieder Bedenken geäußert werden. Der Vorschlag wird so lange bearbeitet, bis alle Teilnehmenden ihren Konsent geben. Hier liegt eine hohe Verantwortung bei allen Teilnehmenden in dem Augenblick, in dem absehbar ist, dass der Vorschlag nicht mehr besser wird, die Bedenken zwar aufrecht zu erhalten, aber den Vorschlag zu akzeptieren.

Auch die soziokratische Kreismethode eignet sich daher für geloste Gruppen, weil erfahrungsgemäß bei den Teilnehmenden eine hohe Verantwortung für eine gemeinsame Lösung vorhanden ist. Gleichzeitig kann die Diversität an Meinungen in der Methode aber auch zu sehr langen Runden führen, daher muss sie mit viel Bedacht gewählt werden und setzt eine Moderation voraus, die die Gruppe gut einschätzen kann.

Deep Democracy – besser streiten

Die Entscheidungsmethodik in der von Myrna und Greg Lewis entwickelten Methode Deep Democracy beinhaltet relativ viele Schritte und die Auseinandersetzung erfordert etwas mehr als ein, zwei Seiten Text an dieser Stelle. Nichtsdestotrotz möchten wir auf einige Aspekte der Methodik hier eingehen.

Die Grundannahme der Deep Democracy Methodik haben wir bereits oben erwähnt: Jeder Mensch ist mehr als eine Rolle, jede Rolle mehr als der Mensch.

Aus Sicht der Deep Democracy Methodik tragen wir bei einer Entscheidung selten nur eine klare Meinung in uns, sondern meist mehrere, evtl. sogar kontroverse Meinungen auf einmal. In einem internen Aushandlungsprozess entscheiden wir uns dann zunächst meist für eine Meinung und tragen diese auch in die Gruppe.

Sagen wir, eine Gruppe soll sich für einen neuen Unternehmensnamen entscheiden. Es stehen vier Namen zur Auswahl und jede Person hat für sich abgewägt, welcher der beste ist. Nun kommt es zu einer Diskussion, in der sich schnell herausstellt, dass drei Personen den einen Namen gut finden, eine Person aber eine andere Variante bevorzugt. In der Diskussion wird nun die Moderation „das Nein verbreitern“, wie es so schön heißt. Konkret bedeutet das, sie versucht, aus den Teilnehmenden die ungenannten Meinungen, die gegen die Mehrheitsentscheidung sprechen, „herauszukitzeln“. Die eine Person ist gegen den bevorzugten Namen, weil dieser an ein anderes Unternehmen erinnert. Nun ist es dann die Aufgabe der Moderation, gezielt nachzuforschen, ob es anderen zumindest teilweise auch so geht und ob dies Teil der internen Überlegungen war. Stellt sich heraus, dass dies der Fall ist, wird neu diskutiert, eventuell auch ein neuer Vorschlag eingebracht. Dies ist der erste Teil der Entscheidungsfindung, in der es darum geht, alle Aspekte offen auf den Tisch zu bringen und immer wieder die aktuelle Mehrheitsentscheidung zu hinterfragen. Nachdem dies eine Weile gemacht wurde, kann es dennoch dabei bleiben, dass kein anderer Name mehrheitsfähig ist. Dann wird tatsächlich diese Entscheidung so gefällt. Das besondere gegenüber den vorgenannten Verfahren ist nun, dass es hier weitergeht. Diejenigen, die in der Entscheidung dagegen gestimmt haben, werden gefragt was sie brauchen, um in der Entscheidung mitgehen zu können. Nun könnte die überstimmte Person also beispielsweise vorschlagen, dass es ihr leichter fiele, die Entscheidung mitzutragen, wenn man neben dem Namen auch das Logo ändern würde, so dass es sich besonders stark von dem ähnlichen Namen und Logo des anderen Unternehmens abgrenzt. Es könnte aber auch ein gänzlich anderer Vorschlag sein, es muss nicht einmal zwangsweise etwas mit dem Namen zu tun haben, also zum Beispiel auch sowas wie: Ich kann da mitgehen, möchte aber, dass meine Abteilung zukünftig in ein anderes Büro umzieht. Hieran merkt man schon, dass sich Deep Democracy vor allem dadurch auszeichnet, dass man eine enorme Flexibilität zulässt. Nun könnte man einwerfen, dass das Vorgehen doch im Prinzip sich kaum von der soziokratischen Kreismethodik unterscheidet und das stimmt zu einem gewissen Grad auch. Es gibt aber zwei entscheidende Unterschiede. 1. Es wird tatsächlich erst die Mehrheitsentscheidung gefällt und *danach* können Zusatzvereinbarungen dazu kommen. 2. Sollte sich zeigen, dass man sich bei der Entscheidungsfindung im Kreis dreht, dreht man nicht einfach endlos weitere Schleifen, sondern unterbricht den Entscheidungsprozess, um dann mit anderen Methoden weiter zu arbeiten. Diese Methoden haben jeweils zum Ziel, unterschwellige Meinungen, Haltungen, Rollen sichtbar zu machen, um danach wieder in den Entscheidungsmodus zu gehen. Als Beispiele seien hier nur zwei genannt, zum einen der Soft Shoe Shuffle, eine Art Aufstellung, bei der einzelne Personen Statements abgeben und sich die anderen dazu im Raum positionieren, zum anderen der Streit, der Anwendung findet wenn sich zeigt, dass bei dem Thema zwei Lager existieren. Im Streit geht es dann darum, auch lange aufgestaute Emotionen und Verletzungen innerhalb der Gruppe sichtbar zu machen und zu reflektieren. Da diese Methode für geloste Gruppen kaum sinnvoll nutzbar ist, werden wir nicht näher darauf eingehen.

Was kann man aber für geloste Gruppen aus der Deep Democracy Methodik übernehmen? Zum einen das, was im Unterkapitel „Jeder Mensch ist mehr als eine Meinung" bereits dargestellt wurde. Nämlich die Grundannahme zu verinnerlichen, dass in jeder Person immer eine ganze Reihe von Haltungen, Meinungen und Rollen gleichzeitig vorhanden ist. Zum anderen, eine bereits getroffene Mehrheitsentscheidung durch diejenigen ergänzen zu lassen, die diese Mehrheitsentscheidung zunächst nicht mittragen wollten.

Evaluieren

Die letzte Schlüsselerkenntnis, die wir hier im methodischen Teil vorstellen wollen, ist die, dass jedes Verfahren evaluiert werden sollte. Dabei muss die Evaluation nicht aufwändig und teuer sein. Manchmal hilft auch ein einfacher Fragebogen ungemein.

All das, was an Zielen gesetzt wurde, sollte auch evaluiert werden. Konkret bedeutet dies, dass es ungemein wichtig ist, in jedem Beteiligungsverfahren die Ziele möglichst genau zu definieren. Ist das Ziel, Austausch zu ermöglichen? Oder möchte man in einen kreativen Prozess gehen? Soll am Ende eine Empfehlung gegeben werden? Und welche Menschen sollten idealerweise teilnehmen? Was möchte man in Bezug auf das Erleben von Demokratie bei den Teilnehmenden erreichen? Was soll bei Verwaltung oder Politik erreicht werden?

Je genauer diese Ziele definiert sind, umso zufriedenstellender das Ergebnis und umso hilfreicher auch die Evaluation. Grundsätzlich ist der erste Schritt die Zieldefinition. Dann gilt es, die Frage zu stellen, wie man festlegt, ob dieses Ziel erreicht worden ist (oder zu welchem Grad).

Im Idealfall kann man eine Evaluation durch ein externes Evaluationsbüro durchführen lassen. Gerade in kleinen Kommunen und dort, wo das Geld knapp ist, sollte man aber, nur weil das nicht leistbar ist, nicht auf eine Evaluation verzichten. In unseren kommunalen Verfahren haben wir ausschließlich selbst evaluiert und dennoch viele wertvolle Inputs erhalten. Voraussetzung ist aber eine nachvollziehbare Methodik und absolute Transparenz. Insbesondere sollten anonymisierte Verfahren Teil der Evaluation sein. Das heißt nicht, dass nicht eine Abschlussrunde im Workshop auch sinnvoll ist und hier nochmal alle Teilnehmenden Positives, Negatives, Wünschenswertes oder Überraschendes mit allen teilen sollen. Aber sie darf eben eine anonyme Evaluation, z. B. über Fragebögen nicht ersetzen, denn so besteht die Möglichkeit für Feedback schwarz auf weiß. Wenn zehn Menschen angekreuzt haben, dass sie mit der Moderation unzufrieden waren, dann ist das eine wichtige Information, die man in einer mündlichen Abschlussrunde leicht überhört. Die Erfahrung hat gezeigt, dass die höchstmögliche Transparenz dem Verfahren insgesamt auch dann gut tut, wenn sie bedeutet, dass eben viel Kritik am Verfahren öffentlich wird.

Leider ist diese Erkenntnis eine, die in vielen Verwaltungen noch kaum angekommen ist. Und damit sind wir dann im nächsten Unterkapitel: Denn entscheidend für gute Gesamtprozesse ist eben nicht nur die Methodik in den einzelnen Verfahren, sondern auch, wie das Verfahren politisch, gesellschaftlich und in den Verwaltungen angedockt ist.

Schlüsselerkenntnisse in Bezug auf die Gesamtprozesse oder wie Losverfahren politische Akzeptanz finden

Losen ist nicht alles – wie gestaltet man ein Beteiligungsverfahren?

Seit den Erfolgen geloster Bürger*innenräte in Irland und insbesondere seitdem in Frankreich ein Klimabürger*innenrat einberufen wurde, fordern in immer mehr Kommunen zivilgesellschaftliche Initiativen, Parteien und Privatpersonen Bürger*innenräte. Diese grundsätzlich positive Entwicklung birgt die Gefahr, dass ein Bürger*innenrat als Allheilmittel verstanden wird. Bürger*innenräte sind aber mitnichten dazu in der Lage, auf die vielfältigen Herausforderungen, denen westliche Gesellschaften derzeit ausgesetzt sind, zu reagieren. Weder werden sich durch Bürger*innenräte automatisch gesellschaftliche Ungleichheiten auflösen, noch wird der Klimawandel gestoppt oder die Ausbeutung des globalen Südens verhindert. Sie sind auch kein Allheilmittel, um Politikverdrossenheit zu stoppen oder rechtspopulistische Parteien zurückzudrängen. Sie können aber durchaus dazu beitragen, diese Probleme zu lösen. Aber nur, wenn sie sinnvoll in bestehende politische Prozesse und Strukturen eingebettet werden. Wenn die Empfehlungen, die ein Bürger*innenrat erarbeitet, Wirksamkeit entfalten können, weil sich die Adressat*innen damit auseinandersetzen. Wenn die Art und Weise der wertschätzenden Kommunikation nicht nach Ende eines Bürger*innenrats einfach aufhört, sondern man diesen respektvollen Umgang auch in seinem Alltag pflegt. Und schließlich, wenn man anerkennt, dass die eigene Lebenswirklichkeit und deren Gestaltung, das Äußern der eigenen Wünsche und Ansprüche diesbezüglich, sehr wohl einen Unterschied machen kann.

Kurzfristig gilt es zunächst festzuhalten, dass es keine weit verbreitete und anerkannte Definition eines Bürger*innenrats gibt. Für die allermeisten verbirgt sich nicht mehr hinter dem Begriff, als dass die Teilnehmenden per Zufall ausgewählt wurden.

Genau das aber, die Auswahl per Los, ist viel weiter verbreitet als generell angenommen wird. Losverfahren kommen seit den 1970er Jahren immer wieder in Planungszellen zum Einsatz oder auch in Beteiligungsverfahren des Bundes, z. B. in der Endlagersuche oder aber auch in vielen kleineren Projekten des Bundesumweltamtes. Es gibt auch einige Kommunen, die seit Jahren mit gelosten Räten arbeiten, hier sei das Beispiel des Beteiligungsrates in Potsdam genannt, aber auch die seit Jahren durchgeführten Veranstaltungen in Filderstadt.

In vielen Fällen, so in Frankfurt, Falkensee und Werder haben wir uns bewusst gegen den Begriff des Bürger*innenrates entschieden, weil der Bürger*innenbegriff auf dem Wahlrecht beruht und wir aber alle Einwohner*innen beteiligen wollen.

Ähnlich wie im Begriff Bürger*innenbeteiligung setzt sich aber der Begriff Bürger*innenrat immer mehr durch, ohne dass in entsprechendem Umfang um Güte-Standards und Definition des Begriffs gerungen wird.

Nicht nur, dass das Format nicht einheitlich bestimmbar ist, es sollte bei der Planung und Auswahl von Beteiligungsformaten grundsätzlich nicht von einer erwünschten Methode sondern viel eher von den zu erreichenden Zielen ausgegangen werden. Sehr oft sind geloste Gruppen ein gutes Mittel, um die Ziele, die typischerweise mit einem Beteiligungsverfahren erreicht werden sollen, dann auch zu erreichen. Nur sollte man sich eben diese Frage nach dem richtigen Mittel bzw. den richtigen Mitteln in jedem Verfahren immer wieder neu stellen.

Was bedeutet das nun konkret?

Die erste Frage sollte immer lauten: Wozu möchte ich ein Beteiligungsverfahren machen, also zu welcher Frage, Thematik oder Entscheidung? Die zweite Frage ist dann: Wenn es um eine Entscheidung geht, wer entscheidet denn in der Sache? Und damit sind wir bei einer der wichtigsten Erkenntnisse für gute Beteiligungsverfahren:

→ *Wer in der Sache entscheidet, sollte auch das Verfahren beauftragen!*

Wer entscheidet in der Sache? Ist es die Verwaltung alleine? Ist es der Gemeinderat, Stadtrat, die Stadtverordnetenversammlung? Oder der Kreistag? Landtag, Bundestag? Tatsächlich ist es gar nicht so einfach, das im Detail immer herauszufinden, gerade für Menschen, die in diesen Strukturen nicht selbst tätig sind. Eines der besten Beispiele dafür ist das Bildungsthema. Bildung ist Ländersache. Gleichzeitig sind oft die Landkreise die Schulträger. Die Gebäude wiederum sind oft in Gemeindeverwaltung. Man muss sich also fragen: Für welche Art von Entscheidung ist das Votum oder Feedback aus der Bevölkerung gewünscht, um dann herauszufinden, wo diese Art von Entscheidung gefällt wird. Der nächste Schritt ist dann, diejenigen, die in der Sache entscheiden, davon zu überzeugen, dass ein Beteiligungsverfahren für diese Entscheidung gut ist.

Tatsächlich ist es zwar sinnvoll, jedes Beteiligungsverfahren so mit denen abzustimmen, die in der Sache entscheiden, dies bedeutet jedoch nicht, dass sie sich zwangsläufig an die Ergebnisse gebunden fühlen. So haben die Stadtverordneten in Falkensee zwar die Befragung zum Hallenbad befürwortet, sich anschließend trotz eines sehr eindeutigen Votums dann nicht an diese Empfehlung gehalten. Warum fragt man dann? Diese Frage haben sich damals dann auch viele gestellt, die an der Umfrage teilgenommen hatten. Als Prozessgestalter*innen hatten wir uns eigentlich so gut es geht abgesichert. Das ging so weit, dass die Begleitunterlagen, die für die Befragung an alle Haushalte versandt wurden, in einem kleinen Gremium aus allen Fraktionen einstimmig abgestimmt wurden. Dass sich die Stadtverordneten hier nicht an das Ergebnis gebunden fühlten, hatte letztlich vor allem damit zu tun, dass für sie zu viele Fragen noch offen waren. Das hätte man letztlich vor der Befragung erkennen müssen. Dieses Negativbeispiel soll zeigen, dass auch in einem sehr genau abgestimmten Verfahren der Prozess als Gesamtheit von Ereignissen nicht komplett vorhersehbar und planbar ist. Nichtsdestotrotz ist die zentrale Erkenntnis: Die, die entscheiden, sollten so klar wie möglich das abstecken, worüber sie ein Feedback oder ein Votum wollen. Dann fühlen sie sich auch am ehesten an die Ergebnisse gebunden.

Wie bereits erwähnt, haben die Falkenseer*innen am Ende dann über einen Volksentscheid doch noch den Bau des Hallenbades beschlossen. Damit wurde der Fall des Hallenbades zu einem der wenigen in Deutschland, wo durch direkte Demokratie letztlich das Ergebnis eines informellen Beteiligungsverfahrens umgesetzt wurde.

Wenn der Auftraggeber geklärt ist, wer führt dann das Verfahren?

Stellen wir uns vor, dass der Gemeinderat in einer Entscheidung, die er zu fällen hat, ein Beteiligungsverfahren befürwortet. Dann stellt sich sofort die Frage: Wer soll es durchführen?

Letztlich gibt es auf diese Frage unzählige Antworten. Mal sind es die Kommunen selbst, mal externe Dienstleistende, mal eine Kombination aus Verwaltung und Zivilgesellschaft (leuchtendes Beispiel: die WerkStadt für Beteiligung Potsdam). Letztendlich kann man nicht pauschal sagen, welche Variante die beste ist, denn es geht vor allem darum, wem zugetraut wird, ein faires, gutes und transparentes Verfahren durchzuführen. Vertraut die Opposition der Stadtverwaltung, dass sie gute Prozessarbeit macht, dann ist es ohne Probleme möglich, Verfahren auch ohne externe Dienstleistende durchzuführen. Habe ich dieses Vertrauen nicht, wird schnell der Ruf nach externen Durchführungsorganisationen laut. Das heißt im Umkehrschluss: Damit z. B. auch in kleinen Kommunen die Verwaltungen selbst gute Beteiligungsverfahren durchführen können, braucht es neben der Kompetenz auch das notwendige Vertrauen. Beides bedingt sich natürlich.

In vielen Fällen sind es Initiativen, die Beteiligungsverfahren fordern, seltener ist es die Verwaltung, wobei sich das auch ändert, dadurch, dass zunehmend auch positive Beispiele bekannter werden. Initiativen haben nur in Ausnahmefällen als zentrales Ziel eine stärkere Beteiligung, meist ist dieses Ziel verbunden mit spezifischen Themen. Oftmals vertrauen diese Initiativen, die sich aus dem Protest gegen z. B. ein städtisches Vorgehen gebildet haben, der Kommune dann nicht, einen guten Prozess aufzusetzen. Dieses Misstrauen existiert meist auch umgekehrt. Wichtig ist aber, dass alle Seiten Vertrauen in den Prozess haben. Aus unserer Sicht sollten im Idealfall Beteiligungsprozesse durch staatliche Institutionen durchgeführt werden. Auf die Gründe wollen wir später eingehen, wenn wir behandeln, welche Rahmenbedingungen eigentlich notwendig sind, damit staatliche Institutionen diese Aufgabe auch leisten können. Für jetzt können wir die zentrale Erkenntnis dazu, wer ein Beteiligungsverfahren durchführen sollte, folgendermaßen zusammenfassen:

→ *Bei der Durchführung sollte das Vertrauen entscheiden!*

Wenn wir nun soweit sind, dass es einen klaren Auftrag für ein Beteiligungsverfahren gibt und zugleich Prozessverantwortliche, denen die verschiedenen Beteiligten vertrauen, gefunden sind, dann ist die nächste Frage: Mit welchen Methoden soll gearbeitet werden? Und hier ist nun ein echter Knackpunkt zu identifizieren, wenn man sich anschaut wie normalerweise eine solche Prozessplanung aussieht. Denn meistens haben die Dienstleister, die beauftragt wurden, schon ihre Methoden, mit denen sie arbeiten, und sind, auch unter dem Aspekt der Kosteneffizienz, nicht immer bereit, von ihren Standardverfahren abzuweichen. Wenn die Prozessgestaltung also nach außen vergeben wird, sollte möglichst vorher klar sein, mit welchen Bausteinen man das Verfahren bestücken will. Hierzu wiederum braucht man Prozessgestaltungserfahrung, die man ja gerade einkauft, weil man sie nicht hat. An dieser Stelle fehlt es an guten Unterstützungsstrukturen beispielsweise der Länder, die Kommunen, aber auch Landesämter, Betriebe und Ministerien unabhängig beraten können. Die Allianz für Beteiligung in Baden-Württemberg ist ein gutes Beispiel für eine etablierte und vielfach genutzte Unterstützungsstruktur. Wir werden auf diesen Punkt daher im nächsten Kapitel noch eingehen, wenn es um Rahmenbedingungen für gute Beteiligung geht. Als zentrale Erkenntnis in Bezug auf die Gesamtgestaltung von Beteiligungsprozessen wollen wir an dieser Stelle vor allem darauf hinaus, dass selbst dann, wenn ein Prozess durch Dienstleistende durchgeführt werden soll, es entscheidend für einen guten Prozess ist, dass es vorher entweder eine Stelle innerhalb der Verwaltung gibt, die den Prozessstart vorbereitet, oder dies z. B. in einer Arbeitsgruppe oder in einem Ausschuss passiert, der dann die Bedingungen für die Ausschreibung der Dienstleistung festlegt. Hierzu ist wiederum das Wichtigste, die Ziele des Prozesses klar zu benennen, um dann die Dienstleister aussuchen zu können, die die Tools mitbringen, um diese Ziele zu erreichen. Wir fassen diese Erkenntnis so zusammen:

→ *Je präziser die Ziele des Beteiligungsverfahrens definiert sind, desto eher finde ich die richtige Durchführungsorganisation*

An dieser Stelle könnten wir nun abschließen, denn in dem Augenblick, wo die richtige Durchführungsorganisation gefunden wurde, sind eben diese am Zug. Trotzdem möchten wir noch ein paar kleinere Erkenntnisse aufführen, insbesondere aus den mehrstufigen Verfahren in Falkensee und Werder.

Alle Einbinden, Ausgrenzung verhindern

Ein wichtiger Grundsatz von Beteiligung sollte sein, dass so viele Menschen wie möglich in den Prozess integriert werden. Nur wenn es die Art des Aushandlungsprozesses nicht zulässt, sollte man die Anzahl reduzieren. Ein Workshop mit 26.000 Einwohner*innen ist nicht durchführbar. Das heißt, wenn man einen gemeinsamen Arbeitsprozess geht, gibt es die Notwendigkeit, auszulosen. Wenn dies nicht der Fall ist, kann man aber auch gleich alle beteiligen. Für viele mag ein Bürger*innenrat eine Art „Shortcut" darstellen, um eben dies nicht zu tun. Tatsächlich besteht die Gefahr, so ein sehr mächtiges Instrument als simples Umfragetool zu missbrauchen. Noch 2016 auf einer Konferenz zu Inklusion, auf der Linus das Losverfahren als ein sinnvolles inklusives Werkzeug vorschlug, wurde ihm entgegnet, dass Losverfahren doch nur dazu dienen würden, Interessierte und störende Aktivisten aus Prozessen herauszuhalten. Wenn man also „nur" fragen will und nicht zusammen entwickeln, dann sollte man eine Befragung machen, die man mit wenig Aufwand flächendeckend durchführen kann. Dies kann gerade zu Beginn und am Ende eines Verfahrens sehr sinnvoll sein. Zu Beginn z. B. in den Kontexten, wo viele Menschen bereits seit Jahren darauf warten, sich endlich beteiligen zu können. So war die Lage beim großen Thema Baumblütenfest in Werder. Hätte die Stadt hier gleich zu Beginn ausschließlich Workshops mit ausgelosten Teilnehmenden angeboten, wären sehr viele Menschen ausgeschlossen gewesen und das bei einem Thema, das ihnen sehr am Herzen lag. Durch eine Einwohner*innenversammlung und eine Umfrage hatten tatsächlich alle Interessierten die Möglichkeit, sich zu beteiligen. Dies nutzten wie erwähnt mehr als fünftausend Menschen und das in einer Stadt mit 26.000 Einwohner*innen. Auch beim Hallenbad in Falkensee gab es zum Ende des Prozesses die Beteiligung aller. Während in Werder die Frage, ob es ein Baumblütenfest geben sollte, nicht relevant war, war die Situation in Falkensee in Bezug auf das Hallenbad anders. Hier wurde nach der Entwicklung der konkreten Ausgestaltung des Bades die Frage gestellt, ob man denn nun dieses Hallenbad wollte. Hier lag die Beteiligung sogar noch weit über der in Werder. Insgesamt wurden alle 44.000 Einwohner*innen befragt, egal welchen Alters, Bedingung war lediglich, dass der Erstwohnsitz in Falkensee lag. Die Rückmeldequote lag mit über 25.000 abgegebenen Stimmen bei fast 60 Prozent. Beide Beispiele zeigen eindrücklich, wenn man bei wichtigen Fragen beteiligt, auch Beteiligungsquoten ähnlich wie bei Wahlen ermöglicht werden können. Unsere letzte Erkenntnis lautet daher:

→ *Losverfahren sind kein Allheilmittel. Sie sind ein wirksames Mittel, um Vielfalt und Legitimität zu erhöhen und wirken am besten, wenn sie in Gesamtverfahren sinnvoll eingebunden werden, in denen auch die Beteiligung der Gesamtbevölkerung ermöglicht wird.*

„Die Welt ist zunehmend komplex. Wir müssen miteinander ins Gespräch kommen über Lösungen. Es braucht zeitgemäßere politische Wege wie z. B. die Wahlkreisräte." – *Jens B.*

Kapitel VI

Ein Blick nach vorne: Rahmenbedingungen für bessere Beteiligung und neue Anwendungsfelder

In diesem letzten Kapitel zeigen wir, welcher Rahmenbedingungen es bedarf, damit Beteiligung in Deutschland noch besser wird und aufsuchende Losverfahren leichter angewendet werden können. Zugleich geben wir einen Ausblick, wo entsprechende Verfahren überall noch zur Anwendung kommen könnten. Ziel ist es dabei, Vielfalt zu ermöglichen, Relevanz zu erhöhen und Demokratie für alle erfahrbar zu machen.

Rahmenbedingungen für mehr aufsuchende Losverfahren

Derzeit gibt es drei Bereiche, in denen die Rahmenbedingungen sich verändern sollten:

1. Es braucht insbesondere in den staatlichen Institutionen mehr ausgebildetes Personal. Dafür bedarf es einerseits schlicht finanzieller Ressourcen, andererseits aber auch teilweise komplett neuer Strukturen für die Weiterbildung von Verwaltungspersonal, genauso wie professionalisierter Ausbildungsstrukturen im Bereich Bürger*innenbeteiligung und schließlich das, was wir als Unterstützungsstruktur bezeichnen. Im Wesentlichen sehen wir hier die Notwendigkeit von Kompetenzzentren in den Bundesländern.

2. Es gibt immer noch eine Menge Interpretationsspielraum bei der Frage, ob personenbezogene Daten für die Zufallsauswahl herausgegeben werden dürfen. Hier braucht es deutschlandweit einheitliche Rechtssicherheit.

3. Es braucht einen vernetzten Ansatz von Forschung über unterschiedliche Formen der Beteiligung und ihrer Wirkung und eine wirksame Rückkopplung von Theorie und Praxis.

Ressourcen und Ausbildung

Bisher haben wir gezeigt, wie gute Beteiligung aussehen kann. Was aber sicherlich jeder Leserin und jedem Leser deutlich geworden ist, ist, dass es hierfür Ressourcen braucht. Aus unserer Sicht sind hier vor allem die Verwaltungen gefordert, diese Ressourcen langfristig bereitzustellen.

Schaut man auf die Karte der Partizipationsbeauftragten, die im *Netzwerk Bürgerbeteiligung* vertreten sind, fällt auf, dass jede Großstadt, aber auch viele mittelgroße Städte mittlerweile dezidierte Stellen oder Abteilungen geschaffen haben, um den Anforderungen einer guten Beteiligung gerecht zu werden. Gleichzeitig gibt es aber auch immer noch sehr viele Kommunen, die diese Ressourcen nicht haben. Hinzu kommt, dass es nicht nur um das Wollen geht, sondern auch um das Können. Und dieses „Ressourcen bereitstellen können“ hat wiederum zwei Aspekte: Erstens müssen die finanziellen Mittel gegeben sein. Zweitens braucht man Menschen, die diese Arbeit auch tatsächlich leisten können.

In der Zeit, in der ich, Linus, in Falkensee tätig war, gab es mal eine Anfrage an die Verwaltung, was sie für Bürgerbeteiligung ausgibt. Ich habe daraufhin alle Kosten in unterschiedlichen Verfahren für zwei Jahre zusammengestellt. Anschließend habe ich interessehalber nachgerechnet, wie sich die Kosten durch meine Stelle verändert hatten und siehe da: Ich konnte guten Gewissens behaupten, dass ich meine Stelle eingespart hatte. Wie kann das sein?

Einerseits war ein Großteil der Kosten reine Organisation für Events. Diese Aufgaben musste ich oftmals nicht mal selbst machen, es reichte einfach, dass ich in der Verwaltung wusste, wen ich fragen muss. Für externe Dienstleistende wäre genau das ein enormer Aufwand. Hinzu kommt, dass externe Dienstleistende hohe Tagessätze nehmen können, ich aber fest angestellt war. Während ich im Durchschnitt ca. einen Workshop pro Monat machen konnte, kaum Mehraufwand für Räume, Catering und Materialien hatte, weil ich z. B. im Stadtplanungsamt selbst große Poster drucken konnte und der Preis somit im Wesentlichen auf mein monatliches Gehalt reduziert war, rechneten die externen Dienstleistenden für einen Workshop teilweise mehrere Projekttage ab und erreichten so fast das Doppelte an Kosten. Nun ist es keinesfalls selbstverständlich, dass ein fest angestellter Mitarbeiter auch die Prozessgestaltung, Moderation und Dokumentation eines Beteiligungsverfahrens leisten kann, aber selbst dann, wenn ich mir externe Moderation dazu geholt habe, war das immer noch um ein Vielfaches günstiger, als komplette Verfahren auszulagern. Hinzu kam, dass wir gezielt auch innerhalb der Verwaltung Moderationstechniken als Weiterbildung angeboten haben. Das hat nicht nur dazu geführt, dass in Veranstaltungen auf ein Team an Gruppenmoderator*innen aus der Verwaltung zurückgegriffen werden konnte, sondern auch, dass Prozesse innerhalb der Verwaltung teilweise besser moderiert wurden.

Es braucht also zumindest in den Kommunen, die bereits mehrfach Beteiligung durchführen, nicht zwangsläufig mehr finanzielle Ressourcen, um Verantwortliche einzustellen. So kann auch eine Kontinuität an Erfahrungen sichergestellt werden, die durch das Vergaberecht leider behindert wird. Ich muss für jedes Beteiligungsverfahren die gewünschten Dienstleistungen immer neu ausschreiben und habe keine Möglichkeit, beispielsweise Rahmenverträge zu machen, innerhalb derer ich dann immer mit denselben Dienstleistenden zusammenarbeite und so Erfahrungen aus einem Verfahren in das nächste übertragen werden. Daher sind auch hierfür die Verwaltungen selbst gefordert.

Damit man geeignete Kandidat*Innen für die Stelle eines Partizipationsbeauftragten oder einer Referentin für Beteiligung findet, bedarf es eines neuen Berufsbildes. Das *Netzwerk Bürgerbeteiligung* hat für die immer häufiger entstehenden Stellen ein Berufsbild skizziert.[95] Was fehlt, sind Ausbildungen, in denen gute Beteiligung gelehrt wird. Es gibt einige wenige entsprechende Angebote, wieder ist hier Baden-Württemberg Vorreiter mit dem Masterstudiengang „Planung und Partizipation" der Universität Stuttgart. Für die meisten geht der Weg weiterhin über einen Einstieg in das Berufsfeld bei einem Beteiligungsdienstleistenden oder eben über Quereinstiege z. B. aus der Stadtplanung und Regionalplanung, in der das Thema Beteiligung auch immer stärker thematisiert wird.

Neben den dezidierten Stellen braucht es in vielen Verwaltungen aber auch mehr Weiterbildungsangebote für Führungskräfte, die mit dem Thema mehr und mehr in Berührung kommen. Hier existieren einige Angebote in den Führungsakademien der Länder, allerdings wiederum nicht in allen Bundesländern.

Unterstützungsstruktur –
Kompetenzzentren für Beteiligung

Neben der Aus- und Weiterbildung braucht es Unterstützungsstrukturen für gute Beteiligung. Erstens für die vielen kleineren Kommunen, in denen nicht regelmäßig Beteiligungsverfahren durchgeführt werden. Diese haben nur die eine Möglichkeit, sich externer Dienstleistender zu bedienen, können aber in den meisten Bundesländern nicht auf Kompetenzen zum Beispiel der Länder zurückgreifen. Im Land Brandenburg gibt es solche Kompetenzen nur in der Fachstelle für Kinder- und Jugendbeteiligung. Wenn hier Kommunen fachliche Unterstützung brauchen, holen sie sich diese oftmals bei den wenigen Kommunen, die dezidierte Stellen haben. Auch wenn dieser kommunale Austausch sinnvoll ist, ist die Aufgabe so nicht leistbar. Was wirklich gebraucht würde, wären Kompetenzzentren der Länder. Diese könnten eine Reihe von Aufgaben bewältigen:

1. Kommunen, Initiativen und Einwohner*innen direkt und unabhängig beraten

2. Kommunalen Mitarbeiter*innen und Führungskräften Weiterbildungen anbieten

3. Bei landeseigenen Verfahren unterstützen

4. Eine Sammlung aller Beteiligungsverfahren anlegen

5. Innovative und gute Beispiele bekannter machen

6. Kommunen vernetzen, aber auch andere Akteure vernetzen

7. Forschungsfelder identifizieren und die Vernetzung von kommunaler Praxis und Forschungseinrichtungen unterstützen

8. Digitale Infrastruktur bereitstellen, zum Beispiel in Form von Onlinebeteiligungsplattformen, die von den Kommunen kostenfrei genutzt werden können [96]

9. Beteiligungskultur etablieren und in Kommunen und Ländern eine entsprechende Haltung fördern

Wenn es in allen Bundesländern diese Kompetenzzentren gäbe, wäre der Austausch auch zwischen den Bundesländern wesentlich einfacher. Des Weiteren könnte auf dieser Struktur aufbauend auch ein nationales Gremium entstehen.

In Bezug auf das aufsuchende Verfahren könnten die Kompetenzzentren beispielsweise auch Weiterbildungen in aufsuchenden Verfahren anbieten und die dadurch entstehende Infrastruktur dann für nationale Bürger*innenräte nutzen.

Warum auf Landesebene? Weil viele gesetzliche Regelungen in den Bundesländern maßgeblichen Einfluss auf die Möglichkeiten der Beteiligung haben und daher eine zentrale Stelle beim Bund nicht ausreichen würde. Darüber hinaus sind auch Beteiligungskulturen durchaus regional unterschiedlich. Hierauf könnten Kompetenzzentren in den Ländern wesentlich stärker in ihrer Arbeit eingehen. Und schließlich sehen wir den größten Bedarf an verbesserten Rahmenbedingungen darin, Bildungsinstitutionen das Thema näherzubringen. Auch hier liegt die Verantwortung bei den Bundesländern und ein Landeskompetenzzentrum könnte sich eng mit entsprechenden Bildungseinrichtungen wie Kommunalakademien oder Universitäten abstimmen. Eine Art Blaupause hierfür bietet die *Allianz für Beteiligung* in Baden-Württemberg, es wären aber je nach Bundesland auch andere Strukturen denkbar, so lange sie oben benannte Aufgaben erfüllen könnten.

Rechtsgrundlagen schaffen

Neben den Ressourcen, die gerade für viele Kommunen gute Beteiligung noch schwierig machen, gibt es auch weiterhin rechtliche Hürden, die teilweise zu überwinden sind. Eine wurde bereits genannt: Die Vergaberichtlinien machen eine langfristige Beauftragung von Dienstleistenden oft schwer. Auch in Bezug auf die hier vorgestellten Losverfahren gibt es aber noch Veränderungsbedarf. Die Beschaffung der Daten aus dem Melderegister bereitet teilweise immer noch Probleme, ist es doch in der Hoheit der je zuständigen Kommune oder Stadt, über die Vergabe von Daten selbst zu entscheiden. Hier werden häufig unterschiedliche Ansichten über die Definition eines allgemeinen oder öffentlichen Interesses vertreten und im Sinne des Schutzes personenbezogener Daten gegen die Freigabe von Zufallsdaten argumentiert. Eben weil hier kein einheitlicher Umgang herrscht, bedarf es einer besseren rechtlichen Grundlage. So wurde zum Beispiel in Baden-Württemberg ein Gesetz für dialogische Beteiligung verabschiedet, um Zufallsverfahren auf eine sichere Grundlage stellen zu können. Vergleichbare Gesetze zur sicheren Nutzung der Daten wären auch in anderen Bundesländern wünschenswert. Ein solches Gesetz birgt die Chance, den Anwendungsfall lediglich auf die Zufallsauswahl zu beschränken und vermeidet damit die Vergleichbarkeit der Antragstellenden mit Parteien, der häufig vollzogen wird. Außerdem kann durch eine genaue Festlegung von Kriterien eines „öffentlichen Interesses" eine bessere Prüfung des Antrags vollzogen werden, um so im Falle eines unseriösen Antrags dem Schutz der Daten von Bürger*innen den Vorrang einzuräumen. Hier ließe sich außerdem festlegen, wie und in welchem Umfang die verwendeten Daten genutzt werden können und dürfen und welche Rechte Zufallsbürger*innen bei einer Zufallsauswahl haben.

Ein besonders prominentes Beispiel ist hier der erste nationale Bürger*innenrat, der *Bürgerrat Demokratie* selbst. Während die überwiegende Mehrzahl der ausgelosten Kommunen und Gemeinden eine Zufallsauswahl bewilligt hat, stellte sich zum Beispiel die Stadt Frankfurt am Main quer und lehnte die Freigabe der Daten ab. Eine Freigabe sei nicht möglich, da kein „Interesse der Allgemeinheit" vorliege, sondern viel eher nur das Interesse der Initiator*innen. Die Akquirierung von Teilnehmenden sei auch durch öffentliche Veranstaltungen oder Vergleichbares möglich und bedarf daher nicht eines solchen Eingriffs in den Datenschutz. Das hat dazu geführt, dass aus Frankfurt am Main, obwohl zunächst vorgesehen, keine gelosten Menschen entsendet worden sind, da die Stadt dem einen Riegel vorgeschoben hat. Sicherlich hätte es so einige interessierte Bürger*innen gegeben, die einfach nur qua ihres Wohnorts und der entsprechenden Haltung der Verwaltung keine Chance auf Teilnahme hatten. Insbesondere für nationale Formate, aber auch Formate auf Ebene der Länder, ist es also notwendig, Einheitlichkeit in den Verfahren herzustellen, damit alle Menschen die gleichen rechtlichen Zugangsvoraussetzungen zu gelosten Formaten haben.

Forschung und Vernetzung

Eine neue Politik bedarf auch einer neuen Forschung: Untersucht werden sollten vor allem Gründe für Nicht-Partizipation und mangelnde Teilhabe. Was hindert Menschen an einer Beteiligung? Wie würden Menschen sich gern beteiligen? Diese Gründe kennenzulernen, kann helfen, ein umfassendes Politikverständnis zu gewinnen. Dabei geht es nicht darum, alle Prozesse danach so zu optimieren, dass jede*r sofort mitmacht – in einer freiheitlichen Gesellschaft muss es auch immer die Möglichkeit der Nicht-Teilnahme geben, genau wie jeder Mensch ein Recht darauf hat, sich eben nicht für Politik zu interessieren. Was es aber umso mehr zu erforschen gilt ist, ob sich eine Nicht-Teilnahme vielleicht in Zugangshürden und mangelnden Informationen begründet und nicht in Desinteresse. Denn dies sind Faktoren, bei denen die politischen Mandatsträger*innen aufgefordert sind, sie aus dem Weg zu räumen.

Hier gilt es also einerseits für die empirischen Sozialwissenschaften, sich bewusst stärker an aufsuchenden Verfahren zu beteiligen, um eine Pluralität an Meinungen über politische Beteiligungsmöglichkeiten einfangen zu können. Zugleich bedarf es einer besseren Vernetzung von Theorie und Praxis, eines tatsächlichen Transfers wissenschaftlicher Erkenntnisse in die politische Praxis. Formate und Institutionen sollten dabei als wandelbare Entitäten verstanden werden, die durch die kritische Hinterfragung durch Wissenschaft und empirische Erkenntnisse stetig verändert werden können und sollten.

Hier ist also einerseits die Wissenschaft gefragt, aus ihrem Nischendasein und ihrem Elfenbeinturm herauszutreten und sich als kritische Stimme gesellschaftlicher Beobachtung wahrzunehmen und anzuerkennen. Zugleich, und dies hat nicht zuletzt die Corona-Pandemie gezeigt, bedarf es mehr Formate, wie etwa eines multi-perspektivisch besetzen Expert*innen-Rats, der die Bundesregierung und den Bundestag berät. Vorstellbar wäre in unserem Bereich zum Beispiel ein Gremium, das sich fortlaufend mit den Strukturen und der Durchlässigkeit des politischen Systems beschäftigt. Auch hier ließe sich die Besetzung alle drei Jahre zufallsbasiert zusammensetzen, um sicherzustellen, dass eine kritische Unabhängigkeit zu den staatlichen Institutionen bestehen bleibt.

Neue Anwendungsfelder

Wir haben uns bisher weitestgehend auf der kommunalen Ebene, oder wie bei den Wahlkreisräten auf einer regionalen Ebene bewegt. Nun wollen wir einen kleinen Ausblick wagen. Zum einen wollen wir auf eine Frage eingehen, die uns oft gestellt wird, nämlich ob ein aufsuchendes Verfahren auch für einen nationalen Bürger*innenrat nutzbar wäre.

Zum andern sehen wir im Losen und im Aufsuchen aber auch ein demokratisches Prinzip, das nicht auf den politischen Bereich beschränkt bleiben sollte. Denn Demokratie sollte eben auch in Unternehmen und anderen Institutionen gelebt werden. Überall dort, wo derzeit auch das Wählen Eingang gefunden hat, lohnt sich auch der Gedanke, ob das Los nicht einen Beitrag zu demokratischen Strukturen leisten kann.

*Ein nationaler Bürger*innenrat mit aufsuchendem Losverfahren?*

Typischerweise erhalten wir als Reaktion auf den Erfolg unserer kommunalen Formate die Einschätzung, dass so etwas auf Bundesebene sicher nicht durchführbar sei. „Das ist im Kleinen ja machbar, aber wenn man einen nationalen Bürger*innenrat macht, dann geht das nicht" – warum eigentlich nicht?

In diesem Abschnitt skizzieren wir daher, wie auch für einen nationalen Bürger*innenrat mit 160 Personen ein aufsuchendes Verfahren angewendet werden kann. Ohne Zweifel würde ein solches Verfahren echtes Neuland bedeuten. Uns ist auch klar, dass dies nicht die perfekte Schablone sein kann, die dann eins zu eins umgesetzt wird. Aber wir wollen zumindest die Möglichkeit ausloten und den Aufwand realistisch abbilden.

Die Auswahl

Zunächst wäre es am besten, wir könnten auf ein zentrales Melderegister zurückgreifen und durch die Zufallsauswahl würde dann sichergestellt, dass aus verschiedenen Kommunengrößen, Regionen und Bundesländern Personen ausgewählt wurden. Leider ist dies nicht möglich. Tatsächlich kann man die Auswahl in diesem Fall also nicht ganz dem Zufall überlassen.

Bei einem nationalen Bürger*innenrat gilt es, neben demographischen Merkmalen auch geographische Merkmale abzubilden. So möchte man generell alle Bundesländer, aber auch unterschiedliche strukturelle Determinanten, also etwa Stadt und ländlichen Raum, abbilden. Dies gilt bei einem aufsuchenden Verfahren genauso wie bei einem zweistufigen Verfahren mit Bewerbung. Zunächst reduziert sich also lediglich die Anzahl an Personen, die in den einzelnen Kommunen ausgelost werden. Dies könnte theoretisch dazu führen, dass einige der Kommunen, die bisher die Herausgabe verweigert haben, sich öffnen, weil sie weniger Daten herausgeben müssten. Tatsächlich ist damit nicht zu rechnen, da erfahrungsgemäß eher die grundsätzliche Haltung zum Losverfahren ausschlaggebend ist, ob Daten herausgegeben werden oder nicht.

Die Berechnung der Zielvorgaben, wie viele Menschen man aus welchen Regionen haben möchte, würde sich tatsächlich genauso wenig verändern wie die Beschaffung der Daten an sich. Ein Unterschied ergibt sich erst dann, wenn die Rückmeldungen ausgewertet werden.

Im klassischen Verfahren werden ca. 25 mal so viele Menschen angeschrieben, wie am Ende dabei sein sollen. Bei 160 Personen sind das ca. 4000 Menschen. Beim aufsuchenden Losverfahren benötigt man zwischen 5 und 10 mal so viele Angeschriebene wie Teilnehmende, das heißt zwischen 800 und 1600 Personen. Tatsächlich anschreiben würde man aber zunächst nur 160. Nach Absage würde dann aus der gleichen Kategorie nachgelost. Nehmen wir die Erfahrungen aus Falkensee, Werder und den Berliner Wahlkreisen 79 und 83, melden sich von diesen 160 ca. 10 Prozent zurück. 90 Prozent müssten also aufgesucht werden. In der ersten Runde würden also 144 Personen aufgesucht werden. Wendet man wieder die Erfahrungswerte an, würde man ungefähr die Hälfte der Menschen antreffen und von diesen würde ca. die Hälfte zusagen. Für die andere Hälfte würde nachgelost und nach diesem Verfahren würde man weiter verfahren. Was sofort deutlich wird: Wenn mehrere Runden gedreht werden müssen, im Extremfall bis zu fünf Mal nachgelost werden muss, und man jeder angeschriebenen Person eine angemessene Zeit zur Rückmeldung geben möchte, braucht man mindesten 8 Wochen, ehe man alle Teilnehmenden ermittelt hat. Da diese anders als bei einem lokalen Bürger*innenrat eine Reise planen müssen, sollte dieser Prozess früher abgeschlossen sein, als in unseren bisherigen Verfahren üblich. Drei Monate erscheinen hier eine realistische Zeitspanne.

Das Aufsuchen

Neben dem zeitlichen Aspekt ist die zentrale Frage natürlich, wieviel Zeit und damit auch wieviel Geld das Recruiting, das Aufsuchen braucht. Im schlimmsten Fall sind diejenigen, die aufgesucht werden müssen, ganz gleichmäßig über Deutschland verteilt. In der ersten Runde müssen also 144 Personen zu Hause besucht werden. Oder anders formuliert, je Bundesland müssten neun Personen besucht werden. Gehen wir wieder vom aufwendigsten Fall aus, dann muss man somit in jedem Flächenland wie Mecklenburg-Vorpommern oder Bayern neun Personen aufsuchen. Bei Fahrzeiten von maximal vier Stunden und wiederum einer gleichmäßigen Verteilung der Personen (und somit der größten zu reisenden Entfernung insgesamt), beträgt die Fahrtzeit zwischen diesen Personen im Durchschnitt zwei Stunden. Für alle neun Personen benötigt man also im schlechtesten Fall 18 Stunden. Für alle 144 Personen braucht man so 288 Stunden. Tatsächlich wird man in Städten, im Ruhrgebiet, im Saarland etc. wesentlich kürzere Zeiten haben. Pessimistisch realistisch kann man davon ausgehen, dass eine einzelne Person in einem halben Tag 4 Personen aufsuchen kann. Will man also alle 144 Personen am selben Tag aufsuchen, braucht es dafür 36 Recruiter*innen. Für die nachfolgende Runde müssen diese durchschnittlich nur noch die Hälfte der Besuche machen. Insgesamt braucht es grob 700 Besuche, nimmt man die Erfahrungen als Ansatz. Dies bedeutet ganz grob 700–1000 Arbeitsstunden.

Neben den reinen Arbeitsstunden, die finanzierbar wären, braucht es natürlich auch ein entsprechendes Team mit Erfahrungen. Langfristig könnte ein solches Verfahren über die von uns vorgeschlagenen Kompetenzzentren in den Bundesländern erfolgen, die wiederum auf die kommunalen Strukturen zurückgreifen könnten. Im Idealfall bräuchte es also dann nur noch die Vorgabe von zentraler Stelle an die Kompetenzzentren in Bezug auf Anzahl an Personen aus verschiedenen Kommunen im jeweiligen Bundesland und die Kompetenzzentren würden mit ihrem Netzwerk ausgebildeter Mitarbeitender in den Kommunen das Aufsuchen übernehmen. Derlei Strukturen gibt es derzeit nicht. Stattdessen müssten Recruiter*innen in einem Training ausgebildet werden. Erste Erfahrungen hierzu konnten wir in den Wahlkreisräten machen, wo nur ein sehr kurzes „Coaching“ notwendig war, um mehreren Personen das Aufsuchen mit einem gemeinsamen Standard näherzubringen.

Kurzfristig wird die Idee eines aufsuchenden Losverfahrens auf nationaler Ebene nicht umgesetzt werden. Sehr wohl können aber Teilaspekte unserer Verfahren in die nationalen Bürger*innenräte eingebunden werden. So hat Mehr Demokratie e.V. zum Beispiel nach unseren Vorgaben versucht, einige derjenigen, die sich für den nationalen Bürger*innenrat zu Deutschlands Rolle in der Welt nicht zurückgemeldet haben, persönlich zu kontaktieren, um die Anzahl an Rückmeldungen in bestimmten Gebieten zu erhöhen.

Verschiedene „Mischformen“ aufsuchender Verfahren mit klassischen zweistufigen Verfahren sind denkbar. So könnte je nach Thema auch ein gruppenspezifisches Aufsuchen à la Demokratiekonvent stattfinden. Oder es wird in den Kommunen, in denen in einem zweistufigen Verfahren eine besonders niedrige Rückmeldequote vorherrscht, noch ein aufsuchendes Verfahren durchgeführt. Solcher Experimente bedarf es, um auch auf nationaler Ebene Erfahrungen zu sammeln und gründlich zu evaluieren.

Die Idee des Aufsuchens weiterdenken

Was ist die Idee des Aufsuchens? Dass diejenigen zu Wort kommen, die man nicht zuerst am lautesten hört und dass die vielfältigen Perspektiven einer Gesellschaft miteinander ins Gespräch kommen. Wie dieses Kapitel zeigt, kann man auch in anderen Institutionen losen.

Darüber hinaus ist es natürlich möglich, auch der Idee des Aufsuchens einen festen Platz in politischen Organisationsformen einzuräumen. Indem man bestimmten Gruppen von Betroffenen quotierte Plätze in politischen Gremien einräumt oder indem zum Beispiel 20 Prozent der Plätze solcher Gremien per Los bestimmt werden. Je nach Themenfeld sollten hier dann Betroffene sprechen können.

Denkbar ist auch die Einrichtung eines ständigen Gremiums unterrepräsentierter Stimmen. Wie wir gesehen haben, sind es vor allem die sozio-ökonomisch schlecht gestellten Menschen, die sich am wenigstens beteiligen und deren Anliegen entsprechend im politischen Prozess am wenigsten Beachtung findet. Autoren wie John McCormick plädieren daher für die Einrichtung eines Volkstribunats – in Anlehnung an die entsprechende politische Vertretung der Plebejer im Römischen Reich, das vor allem dazu diente, die Macht des von Patriziern besetzten Senats einzuschränken und die Interessen des einfachen Volks gegenüber dem Adel abzubilden[97]. Ausgestattet mit Veto- und Anhörungsrechten.

Das Los in die Gesellschaft tragen

Das Losen kann auch in anderen Kontexten als den klassischen parlamentarischen Strukturen angewendet werden. Genau wie Wahlen auch in fast allen anderen Organisationen, wie etwa Schule, Verbänden, Parteien oder Unternehmen stattfinden, ist dasselbe auch beim Losen denkbar.

Insbesondere in der Schule kann es gewinnbringend sein, die Klassensprecher*Innen auszulosen, um auch solchen eine Stimme zu geben, die vielleicht eher nicht wegen ihrer Beliebtheit ausgewählt werden würden. In Unternehmen könnte sichergestellt werden, dass zumindest einige Posten im Aufsichtsrat oder im Betriebsrat von Menschen besetzt werden, die sich per se nicht dafür interessiert haben.

Aber das Losen muss nicht nur für die Besetzung solcher Funktionen genutzt werden. Auch kann es ein Mittel sein, um Fragen der Organisationsentwicklung oder Richtungsentscheidungen einer Institution in einem neuen Rahmen zu klären und dabei alle Ebenen einzubinden. Insbesondere in großen Organisationen wie Parteien scheint dies attraktiv, weil eine breite Basis hier meist geringe Beteiligung ausübt und so eine kurzfristige und dennoch nachhaltige Form der Partizipation geboten bekommt.

Mit *Es geht LOS* fand im Sommer 2021 zum Beispiel ein sogenannter Hochschulrat statt. Die Hochschule Ruhr West wollte nicht nur von den besonders Engagierten eine Rückmeldung zur zukünfitgen Entwicklung der Lehre, sondern von einer Vielfalt an Studierenden und Dozent*innen. Gleichzeitig fehlte es an Kommunikationsformaten, in denen diese beiden Gruppen unabhängig vom Machtgefüge, in dem sie sich normalerweise befinden, austauschen können. So wurden hier zehn MiniWorkshops mit jeweils ausgelosten Studierenden und ausgelosten Dozent*innen veranstaltet. Im Ergebnis zeigte sich, dass es tatsächlich leichter ist, einen Austausch zwischen den Gruppen zu ermöglichen, wenn sich nicht Studierende an „ihre" Dozent*innen wenden, sondern an genau die, mit denen sie zuvor nicht in Kontakt waren und durch die sie auch in keiner Weise beurteilt werden. Die Hochschule möchte nun langfristigig angelegte Formate entwickeln, die auf dem Los basieren.

Auf folgende Punkte sollte man bei der Anwendung von Losverfahren in den verschiedensten Organisationen achten:

Am Anfang steht die Frage nach dem gewünschten Ziel. Warum erscheint eine Losauswahl sinnvoll, welchen Nutzen erhofft man sich davon? Soll das Losen vorhandene Strukturen ersetzen oder neue schaffen?

Zweitens stellt sich die Frage, wie die Wirkung des Losens am besten entfaltet werden kann. Geht es wirklich um eine zufällige Beteiligung aller oder viel eher um die Einbindung bestimmter Stimmen, die sich sonst nicht einbringen? Je nachdem kann eine Quotierung von bestimmten Gremien-Plätzen geboten sein.

Drittens gilt es, Dauer und Umfang des Auftrags der Ausgelosten zu klären. Welche Ressourcen brauchen die Ausgelosten, um ihre Aufgabe gelingend erfüllen zu können? So habe ich, Linus, auch schon die Erfahrung gesammelt, dass eine geloste Gruppe überfordert sein kann, wenn ihr Auftrag nicht klar definiert ist oder sie zum Beispiel Prozessgestaltung machen muss, ohne die dafür notwendigen Erfahrungen in sich zu vereinen. Grundsätzlich sind die Erfahrungen, die wir beispielsweise in unserer Wohnungsbaugenossenschaft mit gelosten Gremien gemacht haben, weitestgehend positiv.

Der einfache Gedanke, den wir in jeder Leserin und in jedem Leser anstoßen wollen, ist an dieser Stelle:

→ *Wenn wir Menschen per Wahl bestimmen, lasst uns zumindest darüber nachdenken, ob dies nicht auch per Los geschehen könnte. Es muss nicht besser sein, aber es könnte.*

„Zuerst dachte ich: Oh man, wieso fragt ihr mich, den unpolitischsten Menschen überhaupt. Aber im Nachhinein muss ich sagen, das müsste man öfters machen, das ist genau das Volksnahe was in Deutschland noch fehlt.“ – *Till G.*

Abschluss

Vision einer inklusiven Demokratie

Es steckt großes Potential in aufsuchenden Losverfahren. Aufsuchen erlaubt uns einen anderen Blick auf repräsentative Demokratie, auf Politiker*innen und auf die Menschen, die alle Teil unserer vielfältigen Gesellschaft sind. Dieses Buch soll einen Beitrag dazu leisten, einen anderen Blick zu wagen. Eine neue Perspektive aufzusuchen, einen neuen Blickwinkel zu testen und neuen Prozessen eine Chance zu geben. Wir sind überzeugt, dass Beteiligung kein abgeschlossenes Feld mit fertigen Methoden sein darf und dass es immer neuer Formen und Prozesse bedarf, um unsere Demokratie lebendig zu halten. Wir glauben, dass Perspektivwechsel nur zustandekommen, wenn wir Erlebnisse der Vielfalt schaffen.

Unsere Vision ist, dass es in ein paar Jahren völlig selbstverständlich ist, dass neben einem formellen Beteiligungsverfahren auch ein informelles stattfindet, bei dem Menschen zu Wort kommen, die durch aufsuchende Verfahren ausgewählt worden sind. Wir wünschen uns, dass Abgeordnete des Bundestags, ebenso wie auf Landes- und Europaebene, in ein paar Jahren völlig selbstverständlich regelmäßig zufällig ausgewählte Menschen treffen, wie es in unseren Wahlkreisräten schon geschehen ist. Und wir plädieren dafür, Wert darauf zu legen, genau diejenigen in politische Prozesse einzubinden, die sich – aus welche Gründen auch immer – nicht proaktiv einbringen.

Zugleich wünschen wir uns, dass sich Bürger*innenräte etablieren. Diese Entwicklung ist abzusehen. Die Stärke von Bürger*innenräten liegt aber insbesondere darin, sich kritisch mit Prozessen der repräsentativen Demokratie auseinanderzusetzen und solche Stimmen hörbar zu machen, die in den üblichen Verfahren untergehen. Wir wollen in diesen Verfahren Menschen dabei haben, die sich von einem Brief nicht überzeugen lassen. Wir konnten im Kleinen beweisen, dass es einen Unterschied macht, klingeln zu gehen. Es gibt also Grund zur Annahme, dass dieser Unterschied auch auf nationaler und europäischer Ebene trägt. Hier ist Mut gefragt. Aufsuchende Verfahren ermöglichen eine neue Qualität von Bürger*innenbeteiligungsprozessen und wird den Herausforderungen einer neuen Gesellschaft, einer wandelnden Politik und veränderter Beteiligung gerecht.

Neben der Forschung über die Wirksamkeit, aber auch die demokratiefördernden Effekte von geloster Bürger*innenbeteiligung braucht es für eine flächendeckende Anwendung vor allem auch mehr personelle Ressourcen. Dabei reicht es nicht, dass einige Dienstleistende sich auf dem Gebiet spezialisieren. Es braucht vor allem viel mehr Know-How in den Verwaltungen. Fachwissen zu Beteiligung und Inklusion müssen Bestandteil des Ausbildungsprogramms der Führungsakademien der Länder werden. In den wenigen Berufsfeldern, in denen Bürgerbeteiligung zum Kanon der Ausbildung gehört, das ist insbesondere die Stadt- und Raumplanung, sollte eine Professionalisierung erfolgen. Schließlich braucht es aber vor allem auf Landes- und Bundesebene Unterstützungsstrukturen für kommunale, wie auch regionale und nationale Verfahren. Und schließlich braucht es Mut seitens der Landes- und Bundesparlamente, um auch die informelle Bürger*innenbeteiligung stärker gesetzlich zu verankern – insbesondere, um den Zugriff auf Melderegister für solche Verfahren zu erleichtern.

Nimmt man eines der zentralen Versprechen von Demokratie ernst, nämlich den gleichen Zugang jeder Person zu politischer Teilhabe, liegt noch ein weiter Weg vor uns. Wir haben gesehen, dass es viele Hindernisse gibt, inklusive Beteiligung für alle Menschen zu ermöglichen. Dies begründet sich im ständigen Wandel des *demos*, aber auch in Verfahren und Strukturen, die exkludierend wirken und die den Veränderungen einer dynamischen Gesellschaft nicht hinterherkommen. Eine inklusive Demokratie und Beteiligungskultur zu fordern, ist also eine große Herausforderung.

Ziel muss es also sein, solche Verfahren als Standard zu normieren und damit die politische Kultur und das Verständnis von Beteiligung neu zu denken. Neben Wahlen müssen aufsuchende Verfahren als ganz selbstverständliche Wege der politischen Mitbestimmung anerkannt sein. Vorstellbar ist, dass jede*r Abgeordnete viermal im Jahr mit Losbürger*innen zusammentrifft, um vielfältige Perspektiven kennenzulernen. Dabei ist es wichtig, dass auch verbindlich über Themen gesprochen wird. Abgeordnete treffen schon heute eine Vielzahl an Menschen und Gruppen, führen Gespräche und leisten community-work, doch viele dieser Begegnungen hinterlassen auf beiden Seiten wenig Eindruck und entfalten so keine Wirkung.

Die Wahl der Themen darf dabei nicht nur Abgeordneten überlassen sein, sondern es muss auch für Bürger*innen die Chance geben, Themen vorzuschlagen. Hier bedarf es mehr Personal in den entsprechenden Verwaltungen, diese Vorschläge tatsächlich auch zu bearbeiten und konstruktiv zu nutzen. Bürger*innenbeteiligung darf nicht mehr als Bürde, sondern muss als Chance verstanden werden. Sie bietet eine Chance, durch kurzfristige Problemlösung sofort langfristige Probleme vermeiden zu können.

Zugleich bietet Moderation eine Chance, politische Prozesse grundsätzlich anders zu steuern. Nicht nur Zufallsgremien, auch Prozesse innerhalb von Parteien, ebenso wie Ausschuss-Sitzungen und Besprechungen in den verschiedenen Gremien könnten durch moderierte Prozesse erleichtert werden. Dies setzt natürlich geschultes, staatlich angestelltes Personal voraus, das solche Prozesse unabhängig begleiten kann.

Im Rahmen einer partizipativen Gesetzgebung lassen sich verschiedene Rechte für Beteiligungsgremien vorstellen. Zunächst können Bürgerräte immer Empfehlungen für bestimmte politische Fragen geben. Vorstellbar ist aber auch ein Veto-Recht, sollten parlamentarische Entscheidungen nicht den Anforderungen ans Gemeinwohl zu entsprechen scheinen. Einberufen werden sollten Bürger*innenräte daher einerseits vom Parlament, andererseits sollte es aber auch die Möglichkeit geben, mit einer Petition einen Bürger*innenrat zu fordern. Empfehlungen eines Bürger*innenrats müssen von dem zuständigen Parlament angehört und besprochen werden. Es ist außerdem notwendig, in mindestens zwei zeitlich versetzten Rechenschaftsberichten darzulegen, welche Ergebnisse umgesetzt werden (oder nicht) und wie der Status der Umsetzung läuft. Ein Kontrollgremium, das immer wieder zufällig durch alte Losbürger*innen neu besetzt wird, stellt den verbindlichen Umgang mit den Ergebnissen sicher.

Es sind außerdem kleinere Institutionen vorstellbar, bei denen aufsuchende Verfahren hilfreich sein können. Geht es bei einem Thema, das politisch verhandelt wird, um eine bestimmte Gruppe an Betroffenen, sollte sichergestellt werden, dass diese durch ein aufsuchendes Verfahren an den parlamentarischen

Beratungen beteiligt wird – egal, ob ein Bürger*innenrat stattfindet oder nicht. Zugleich ließe sich eine solch besondere Repräsentation quotieren, sodass langfristig immer 20 Prozent der Posten in Beratungsfunktionen für parlamentarische Prozesse durch aufsuchende Verfahren generiert werden.

Unsere Verfahren zeigen, dass Inklusivität möglich ist. Sie zeigen, dass sich eine neue Politik einer neuen, sich permanent wandelnden Gesellschaft anpassen kann.

Inklusivität muss jeden Tag und in jedem Prozess neu erstritten werden. Insofern ist es besonders wichtig, eine Kultur der Offenheit auch in Institutionen zu etablieren, die flexibel auf neue Ereignisse, Menschen und Situationen reagieren kann. Den Herausforderungen des 21. Jahrhunderts sind nur noch solche Gremien gewachsen, die nicht intern verkrustet, sondern auch dort kritikfähig sind.

Autor*innen

Die Autoren*innen arbeiten zusammen in der Initiative *Es geht LOS*, die unter anderem den Bürgerrat Deutschlands Rolle in der Welt gemeinsam mit *Mehr Demokratie e. V.* initiiert hat.

Käthe Liesenberg

Katharina Liesenberg, 1993 in Berlin geboren, promoviert und lehrt an der Technischen Universität Darmstadt. Sie studierte Staatswissenschaften und European Studies an der Universität Passau sowie im Master Politische Theorie an der Goethe-Universität Frankfurt am Main und der Technischen Universität Darmstadt. Verschiedene Auslandsaufenthalte und Tätigkeiten für das Auswärtige Amt führten sie u. a. nach Argentinien, Kambodscha, die Philippinen und Taiwan. Sie ist Gründerin der beiden Vereine *mehr als wählen e. V.* und *Demokratie Innovation e. V.*, die losbasierte Beteiligungsverfahren auf lokaler und nationaler Ebene durchführen. Ihre praktischen Erfahrungen vermittelt sie im Rahmen verschiedener Veröffentlichungen und Vorträge. Sie forscht zu Demokratietheorie, politischer Repräsentation und Ungleichheit.

Linus Strothmann

Linus ist 1981 in Eckernförde geboren und hat in Flensburg sein zweisprachiges Abitur gemacht. Fürs Studium der Geophysik kam er 2001 nach Berlin, wo er aber nach einem Jahr zu Ethnologie und Geographie wechselte. Von 2008 bis 2012 promovierte er über einen Pakistanischen Sufi-Schrein. Seine Dissertation erschien 2016 bei Oxford University Press unter dem Titel „Managing Piety". 2016 wechselte er aus der Wissenschaft in die Praxis und begann seine Tätigkeit im Bereich der Bürger*innenbeteiligung in der Stadt Falkensee. 2019 wechselte er nach Werder (Havel), wo er unter anderem den ersten Zukunftshaushalt durchführte, ein Bürgerbudget, bei dem ausschließlich Kinder und Jugendliche abstimmungsberechtigt sind. Ebenfalls in Werder hat er seit 2014 ein basisdemokratisches Wohnprojekt mit aufgebaut, in dem er mit seiner Frau und vier Kindern lebt.

Seit September 2021 ist Linus im Bereich Beteiligung beim Bundesamt für die Sicherheit der nuklearen Entsorgung tätig und unterstüzt so die breite Beteiligung bei der Suche nach einem Endlager für stark radioaktive Abfälle. Er berät weiterhin Kommunen, Initiativen und Organisationen bei der Konzeption von losbasierten Beteiligungsverfahren, darunter auch immer öfter welche, die mit dem aufsuchenden Losverfahren arbeiten und so den Erfahrungsschatz dieses Buches erweitern.

Dank

Unser Dank gilt zuallererst den vielen Menschen, die sich auf die Prozesse eingelassen haben, die wir organisiert und durchgeführt haben und die dadurch die Erlebnisse erst ermöglicht haben, die wir hier nun teilen konnten.

Dies gilt auch den Menschen, die in den jeweiligen Kommunen maßgeblich dazu beigetragen haben, dass die Verfahren durchgeführt werden konnten. Seien es die, die politisch für Beteiligung gekämpft haben, oder die, die eine Durchführung ermöglicht haben.

Dann gilt unser Dank Joachim Haas, der den Anstoß zu dem Buch gab und es mit voller Kraft unterstützt hat, sowie bürgerpolitik.org und *Es geht LOS*, die die Umsetzung finanziell unterstützt haben.

Danke auch an das gesamten Team von *Es geht LOS*, dem wir immer wieder neue Ideen vorgelegt haben. Insbesondere weil wir hier auf den Nährboden gestoßen sind, um immer wieder neue Verfahren und Experimente auszuprobieren. Juliane Baruck gebührt besonderer Dank für ihre gründliche Lesart und die vielen guten Hinweise und Kommentare. Gleiches gilt für Jutta und Martina Rumpel. Während der Planung für ein Radio-/Fernsehformat haben wir Pierre Baigorry kennenlernen dürfen, der sich seit geraumer Zeit für Bürger*innenräte einsetzt. So entstand die Idee für ein kleines Vorwort. Auch hierfür sind wir sehr dankbar.

Für das Layout möchten wir Jonas Beuchert und Marlene Mützel danken. Schließlich danken wir dem Team des Oekom-Verlages, die auf alle unsere Wünsche eingegangen sind und einen sehr ambitionierten Zeitplan mitgetragen und durchgezogen haben.

Endnoten

1 Die Wiedergabe der Aussagen von Luise erfolgt basierend auf Erinnerungen der Veranstalter*innen. Es wird kein Anspruch auf Richtigkeit des Wortlauts erhoben, dies dient auch dem Schutz der Privatsphäre von Luise.

2 Dausend/Knaup 2020.

3 Nicht-Regierungs-Organisationen, im Folgenden kurz NGOs.

4 Petring/Merkel 2011.

5 Schäfer 2015; Elsässer 2018.

6 Diese Ausführungen sind in einem politischen Sinne gemeint und berufen sich weniger auf die tatsächlich geltenden rechtlichen Festlegungen. Denn dieses Buch soll dazu dienen, ein neues Verständnis davon zu entwickeln, was Demokratie (nicht) sein kann und welches Potential im Bewusstsein über deren Gestaltbarkeit liegt.

7 Hier wird sich nur auf Gastarbeiter*innen der BRD bezogen, weil das deutsche Wirtschaftswunder angesprochen wird. Gleichwohl gab es auch in der DDR Vertragsarbeiter*innen, die ebenfalls nicht in die sog. Mehrheitsgesellschaft integriert worden sind, insbesondere aus Vietnam und Mosambik.

8 Mau 2019: 13.

9 Ebd.: 15.

10 Vertiefte Auseinandersetzung mit beiden Gruppen findet sich bei Hensel/Foroutan 2020. Für eine Auseinandersetzung nur mit Ostdeutschland empfiehlt sich Engler/Hensel 2018.

11 Siehe DIE ZEIT (07/2020): https://www.zeit.de/gesellschaft/zeitgeschehen/2020-07/bundesverfassungsgericht-ines-haertel-erste-ostdeutsche-verfassungsrichterin.

12 Mau 2019: 15; siehe auch: Lengfeld (2019): https://www.bpb.de/geschichte/zeitgeschichte/deutschlandarchiv/296773/kaum-posten-fuer-den-osten.

13 Dieser Begriff wurde zuerst von Alain Touraine geprägt und später von verschiedenen Soziologen aufgegriffen und weiterentwickelt, wie etwa Daniel Bell oder der hier zitierte Andreas Reckwitz.

14 Reckwitz 2019: 77.

15 Raphael 2019.

16 Reckwitz 2019: 79.

17 Reckwitz 2019: 82.

18 Reckwitz 2019: 77f.

19 Ebd.: 79f. sowie 82f.

20 Ebd.: 89; 94.

21 Ebd.: 129.

22 Kowalczuk 2020.

23 Mau 2019: 62.

24 Kowalczuk 2020: 112

25 Ebd.: 112. Währungsunion, Treuhand und die Kali-Proteste waren hier nur die bekanntesten Schlagworte einer Veränderung, die jeden Winkel der Gesellschaft betraf.

26 Kowalczuk 2020: 143, siehe auch Mau 2019.

27 Mau 2019: 98; Herv. i. O.

28 Kowalczuk 2020: 144.

29 Kowalczuk 2020: 180f.

30 Mau 2019: 145.

31 Mau 2019: 135f.; Kowalczuk 2020.

32 Faus et. al. 2019: 7.

33 Bei Frauen lässt sich selbstverständlich nicht von einer Minderheit sprechen, schließlich stellen sie 50 Prozent der Gesellschaft. Daher ist auch der vereinheitlichende Begriff der Gruppe insbesondere im Bezug auf Frauen irreführend. Für politische Mobilisierung und die Arbeit für eine Gleichstellung scheint es für die meisten in diesem Bereich engagierten Akteure sich für eine Gruppenrepräsentation einzusetzen (Young 2000).

34 Young 2000.

35 Pitkin 1972: 9. Deutsche Übersetzung: Repräsentation meint die Vergegenwärtigung von Nicht-Gegenwärtigem.

36 Pitkin 1972: 86.

37 Dass Wahlen inzwischen in den meisten repräsentativ verfassten Demokratien als die ur-demokratische Methode gilt, hat sich erst im 18. Jahrhundert etabliert. Daneben gibt es aber natürlich noch eine Vielzahl weiterer Methoden. Das vorliegende Buch soll dazu dienen, den Blick und das Verständnis hierzu zu erweitern und Wahlen als lediglich einen unter vielen demokratischen Prozessen einzuordnen.

38 Pitkin 1972: 38; Baron 2014: 180f.

39 Baron 2014: 183.

40 Mansbridge 1999; Williams 2000; Young 2000; Phillips 1995.

41 Linden/Thaa 2009: 10.

42 Vester 2008: 60f.

43 Linden/Thaa 2009: 10.

44 Vester 2009: 22.

45 Manin 2007: 298.

46 Ebd.: 315; 342.

47 Crouch 2008.

48 Thaa 2009: 76; Herv. i. O.

49 (Ebd.: 13) im Deutschen: Effektivität und Funktionalität wird inzwischen von den nach Repräsentationslogik territorial zuständigen Einheiten kaum noch erreicht. Daher verschiebt sich der Fokus wesentlich vom Input zum Output.

50 Montanaro 2019: 187.

51 Mulieri 2013: 515.

52 Saward 2006.

53 Vester 2009: 21.

54 Schäfer 2015; Merkel 2016; Elsässer 2018.

55 Vester 2009: 21.

56 Güllner 2013: 7.

57 Schäfer 2019.

58 Dausend/Knaup 2020.

59 Heitmeyer 2018: 154, 156.

60 Ebd.: 198.

61 Ebd.: 200f., 212.

62 Ebd.: 198; Herv. i. O.

63 Gabriel 2020: 148; Herv. i. O.

64 Gabriel/Holtmann u. a. 2015: 180ff.

65 Holtmann 2020: 94; Herv. i. O.

66 Gabriel 2020: 186.

67 Holtmann 2020: 107.

68 Gabriel 2020: 213.

69 Gabriel 2020: 214.

70 Gabriel 2020: 214; siehe auch Merkel 2015.

71 Ebd.: 215.

72 Baron 2014: 26, Buchstein 2009.

73 Eines der wenigen bekannten Beispiele stammt aus dem 9. Jahrhundert in Tamil Nadu, vgl. Rakesh Mahalakshmi (2016): https://doi.org/10.1002/9781118455074.wbeoe366.

74 Dienel 2002, Buchstein 2009, Fishkin 1995.

75 Ergebnisse und weitere Informationen finden sich unter www.buergerrat.de

76 Das Bürgergutachten sowie weitere Informationen finden sich unter https://deutschlands-rolle.buergerrat.de/

77 Die Evaluation des *Bürgerrats Demokratie* findet sich hier: https://www.buergerrat.de/fileadmin/downloads/evaluationsbericht.pdf, die des Bürgerrats Deutschlands Rolle in der Welt hier: https://deutschlands-rolle.buergerrat.de/fileadmin/downloads/evaluationsbericht-buergerrat-deutschlands-rolle.pdf.

78 Geißel et. al. 2019: 3., sowie Kirby et. al. 2021: 10.

79 Geißel et. al. 2019: 14., sowie Kirby et. al. 2021: 10–11.

80 Ebd.: 16.

81 Eine Bemerkenswerte Ausnahme ist das Verfahren zu den „49" der Wochenzeitung DIE ZEIT. Hier wurden 49 Menschen aus einem Pool von über 30.000 Menschen ausgewählt. Dabei wurden nicht nur einige demografische Merkmale als Auswahlkriterium gewählt sondern auch grundsätzliche Einstellungen abgefragt und schließlich anhand von 20 Dimensionen eine Gruppe zusammengestellt. Durch eine hohe Zahl an Menschen im Pool und die Vielzahl an Dimensionen ist es gelungen eine in vielerlei Hinsicht gute Vielfalt und Repräsentation zu erzielen. Das Grundproblem, dass hier nur ausgewählt werden konnte wer sich aktiv beworben hat bleibt aber natürlich bestehen. Weitere Informationen zum Verfahren unter: https://blog.zeit.de/fragen/2021/06/17/die-49-mini-deutschland-repraesentation-gesellschaft-auswahl-teilnehmer-kriterien/.

82 Es kann ja beispielsweise sein, dass von den 200 Rückmeldungen nur 3 Personen einen Hauptschulabschluss haben – dies entspräche einem Anteil von nur 3 Prozent.

83 Diese Erkenntnis basiert lediglich auf der Erfahrung im Umgang mit Daten und Rückmeldungen von Menschen mit Hauptschulabschluss und impliziert keine Wertung. Viel eher zeigt es, dass es dringend geboten ist, sich mit den Gründen für das Nicht-Interesse und die Nicht-Teilnahme auseinanderzusetzen, wenn es das Ziel ist möglichst inklusive Beteiligung zu leisten.

84 Die folgende Beschreibung der Methode ist im wesentlichen aus dem Artikel „Wenn die Demokratie an der Tür klingelt?“ übernommen. Abrufbar über: https://www.netzwerk-buergerbeteiligung.de/fileadmin/Inhalte/PDF-Dokumente/newsletter_beitraege/3_2020/nbb_beitrag_strothmann_200916.pdf.

85 Siehe: http://www.frankfurt.de/statistik_aktuell.

86 Siehe: https://statistik.leipzig.de/statdist/table.aspx?cat=2&rub=4&item=207.

87 Elsässer 2018.

88 Der Zweite Frankfurter Demokratiekonvent zum Thema „Frankfurt macht (Klima)Politik“ findet im Oktober und November 2021 statt. Dieser kann aus redaktionellen Gründen nicht mehr für dieses Buch berücksichtigt werden.

89 Das Begleitheft findet sich unter folgendem Link: https://www.esgehtlos.org/site/assets/files/1490/egl_wkr_mobilitaet_zehlendorf.pdf

90 Eine ausführliche Zusammenfassung findet sich hier): https://www.esgehtlos.org/site/assets/files/1490/wkr-steglitz-zehlendorf-ergebnisse.pdf

91 Bleh, Julian (2021): Evaluation Pilot Wahlkreisrat, Ergebnisse der Befragungen zu den Pilotveranstaltungen im Juni 2021

92 Ebd.

93 Das heißt nicht, dass Menschen nicht auch gut ganz ohne solche Hilfen miteinander ins Gespräch kommen können, sondern dass konkrete Aufgaben und Regeln dabei helfen, ein wirklich offenes Gespräch zu führen und gleichzeitig Ergebnisse zu erzielen.

94 Eine gute Einführung gibt es hier: https://patterns-de.sociocracy30.org/introduction.html

95 https://www.netzwerk-buergerbeteiligung.de/fileadmin/Inhalte/PDF-Dokumente/NeKoPa/papier_berufsbild/nekopa_berufsbild_broschuere_200312.pdf

96 Ein gutes Beispiel ist die Beteiligunsplatform des Landes Sachsen, die allen Kommunen zur Verfügung steht: https://buergerbeteiligung.sachsen.de/portal/sachsen/startseite.

97 McCormick 2011.

Literaturhinweise

Baron, Daniel (2014): Das schwere Los der Demokratie. Marburg: Tectum.

Buchstein, Hubertus (2009): Demokratie und Lotterie. Das Los als Entscheidungsinstrument von der Antike bis zur EU. Frankfurt/New York: Campus.

Crouch, Colin (2008): Postdemokratie. Frankfurt am Main: Suhrkamp.

Dausend, Peter; Knaup, Horand (2020): Alleiner kannst du gar nicht sein. Unsere Volksvertreter zwischen Macht, Sucht und Angst. München: dtv.

Dienel, Peter C. (2002): Die Planungszelle. Der Bürger als Chance. Opladen: Westdeutscher Verlag.

Elsässer, Lea (2018): Wessen Stimme zählt? Soziale und politische Ungleichheit in Deutschland. Frankfurt/New York: Campus.

Engler, Wolfgang; Hensel, Jana (2018): Wer wir sind. Die Erfahrung ostdeutsch zu sein. Berlin: aufbau.

Fishkin, James (1995): The Voice of the People. Public Opinion and Democracy. Yale: Yale University Press.

Gabriel, Oscar W.; Holtmann, Everhard; Jaeck, Tobias; Leidecker-Sandmann, Melanie; Maier, Jürgen; Maier, Michaela (2015) Deutschland 25. Gesellschaftliche Trends und politische Einstellungen. Bonn: Bundeszentrale für politische Bildung.

Gabriel, Oscar W. (2020): Politische Partizipation im ausgehenden dritten Jahrzehnt des vereinigten Deutschland. In: Holtmann, Everhard (Hrsg.): Die Umdeutung der

Demokratie. Politische Partizipation in Ost- und Westdeutschland, S. 143–218. Bonn: Bundeszentrale für politische Bildung.

Geißel, Brigitte; Dean, Rikki; Jung, Stefan; Wipfler, Bruno (2019): Abschlussbericht der wissenschaftlichen Evaluation. Bürgerrat Demokratie. Durchgeführt von der Forschungsstelle Demokratische Innovationen an der Goethe-Universität Frankfurt am Main. Online Verfügbar unter: https://www.buergerrat.de/fileadmin/downloads/evaluationsbericht.pdf.

Güllner, Manfred (2013): Nichtwähler in Deutschland. Berlin: Friedrich Ebert Stiftung.

Heitmeyer, Wilhelm (2018): Autoritäre Versuchungen. Signaturen der Bedrohung I. Frankfurt am Main: Suhrkamp.

Hensel, Jana; Foroutan, Naika (2019): Die Gesellschaft der Anderen. Berlin: aufbau.

Holtmann, Everhard (2020): Politische Partizipation und Effekte des Lebensumfelds. In: Holtmann, Everhard (Hrsg.): Die Umdeutung der Demokratie. Politische Partizipation in Ost- und Westdeutschland, S. 57–108. Bonn: Bundeszentrale für politische Bildung.

Kirby, Nicolina; Freier, Nora; Renn, Ortwin; Oppold, Daniel; Scheidemantel, Katharina; Döring, Matilda (2021): Evaluation des Bürgerrats Deutschlands Rolle in der Welt. Abschlussbericht der wissenschaftlichen Evaluation, Institut für Demokratie- & Partizipationsforschung [i:DPF], Bergische Universität Wuppertal, Institut für transformative Nachhaltigkeitsforschung. Online Verfügbar unter: https://deutschlands-rolle.buergerrat.de/fileadmin/downloads/evaluationsbericht-buergerrat-deutschlands-rolle.pdf.

Kowalczuk, Ingo-Sascha (2020): Die Übernahme. Wie Ostdeutschland Teil der Bundesrepublik wurde. Bonn: Bundeszentrale für politische Bildung.

Linden, Markus; Thaa, Winfried (2009): Die politische Repräsentation von Armen und Fremden. Baden-Baden: Nomos.

Mahalakshmi, Rakes (2016): Chola (Cola) Empire. DOI: 10.1002/9781118455074.wbeoe366. Online verfügbar unter: https://doi.org/10.1002/9781118455074.wbeoe366.

Mansbridge, Jane (1999): Should Blacks Represent Blacks and Women represent Women? A Contingent ‚Yes'. In: The Journal of Politics, Vol. 61, Nr. 3, S. 628–257. Austin: The University of Texas Press.

Manin, Bernard (2007): Kritik der repräsentativen Demokratie. Berlin: Matthes & Seitz.

Mau, Steffen (2019): Lütten Klein. Leben in der ostdeutschen Transformationsgesellschaft. Berlin: Suhrkamp.

McCormick, John (2011): Machiavellian Democracy. Cambridge: Cambridge University Press.

Montanaro, Laura (2019): Who counts as Democratic Representative? On Claims of Selfappointed Representation. In: Castiglione, Dario; Pollak, Johannes (Hrsg.): Creating Political Presence. The New Politics of Democratic Representation, S. 186–203. Chicago: The University of Chicago Press.

Mulieri, Alessandro (2013): Beyond Electoral Democracy? A Critical Assessment of Constructivist Representation in the Global Arena. In: Representation, Vol. 49, Nr. 4, S. 515–527. Abingdon: Routledge.

Merkel, Wolfgang; Petring, Alexander (2011) Partizipation und Inklusion. In: Friedrich Ebert Stiftung (Hrsg.): Demokratie in Deutschland 2011. Berlin: Friedrich Ebert Stiftung.

Pitkin, Hanna (1972): The concept of representation. Berkeley: University of California Press.

Raphael, Lutz (2019): Jenseits von Kohle und Stahl. Eine Gesellschaftsgeschichte Westeuropas nach dem Boom. Berlin: Suhrkamp.

Reckwitz, Andreas (2019): Das Ende der Illusionen: Politik, Ökonomie und Kultur in der Spätmoderne. Berlin: Suhrkamp.

Saward, Michael (2006): The Representative Claim. Oxford: Oxford University Press.

Schäfer, Armin (2015): Der Verlust politischer Gleichheit. Warum die sinkende Wahlbeteiligung der Demokratie schadet. Frankfurt/New York: Campus.

Schäfer, Armin (2019): Demokratie in Schieflage. In: Deutschlandfunk vom 01.06.2019; online verfügbar unter: https://www.deutschlandfunkkultur.de/politologe-ueber-sozialungleiche-wahlbeteiligung.990.de.html?dram:article_id=450251&utm_source=pocketnewtab; letzter Zugriff am 07.10.2019.

Thaa, Winfried (2009): Das ungelöste Inklusionsproblem in den partizipatorischen Neubewertungen politischer Repräsentation. In: Linden, Markus; Thaa, Winfried (Hrsg.): Die politische Repräsentation von Armen und Fremden, S. 61–80. Baden-Baden: Nomos.

Faus, Rainer; Mannewitz, Tom; Storks, Simon; Unzicker, Kai; Vollmann, Erik (2019): Schwindendes Vertrauen in Politik und Parteien. Eine Gefahr für den gesellschaftlichen Zusammenhalt. Gütersloh: Bertelsmann Stiftung.

Van Reybrouck, D. (2016). Gegen Wahlen: warum Abstimmen nicht demokratisch ist. Göttingen: Wallstein Verlag.

Vester, Michael (2008): Die Krise der politischen Repräsentation aus der Sicht eines Wissenschaftlers. In: Horster, Detlef

(Hrsg.): Die Krise der politischen Repräsentation. Hannah-Arendt-Lectures und Hannah-Arendt-Tage 2007, S. 59–83. Göttingen: Velbrück Wissenschaft.

Williams, Melissa S. (2000): Voice, Trust, and Memory. Marginalized Groups and the Failings of Liberal Representation. Princeton: Princeton University Press.

Young, Iris Marion (2000): Inclusion and Democracy. Oxford: Oxford University Press.